Tutankhamun

La scoperta del giovane faraone

Testo: Christian Greco
Illustrazioni: Alessandro Ventrella

Il cartiglio che compare a decorazione dei box informativi rappresenta il nome di Tutankhamun scritto in geroglifico.

Via Inverigo 2 - 20151 Milano

www.deaplanetalibri.it

Stampa: Italgrafica S.r.l. - Novara, 2022

CHRISTIAN GRECO

TUTANKHAMUN

LA SCOPERTA DEL GIOVANE FARAONE

DeAgostini

INDICE

NOI E L'ANTICO EGITTO

Se hai cominciato a leggere questo libro, tu e io abbiamo una cosa in comune: la passione per l'antico Egitto.

E per chi ama l'antico Egitto la scoperta della tomba di Tutankhamun è l'evento più affascinante in assoluto, quello di cui si vorrebbe sapere tutto fin nel minimo dettaglio e il sogno di qualunque ragazzino che pensi di fare l'archeologo da grande. Sono passati cento anni da quando l'egittologo inglese Howard Carter ritrovò la sepoltura di questo giovanissimo faraone nella Valle dei Re, e più di tremila dalla sua morte, eppure noi appassionati continuiamo a parlarne come se la scoperta fosse stata fatta oggi (e un po' è così, certi dettagli hanno cominciato a emergere solo di recente, come vedrai leggendo questo libro).

Gli antichi Egizi ne sarebbero molto orgogliosi perché era proprio questo lo scopo che si prefiggevano costruendo tombe magnifiche come quella di Tutankhamun: fare in modo che il nome di chi moriva fosse ricordato in eterno.

Al Museo Egizio di Torino, il posto dove lavoriamo sia io che Christian Greco, autore di questo libro, abbiamo la fortuna di ospitare una tomba unica come quella del grande faraone. Si tratta della tomba di Kha e Merit, ritrovata dall'egittologo Ernesto Schiaparelli il 15 febbraio del 1906 a Deir el-Medina, a poca distanza dalla Valle dei Re. Perché è così importante? Prima di tutto, perché venne ritrovata intatta, nessun ladro ci era mai entrato, tutto era ancora nell'esatta posizione in cui lo avevano lasciato i parenti dei due sposi defunti al momento di chiudere la tomba. E poi perché non è la tomba di un faraone, ma appunto di due persone "normali", benestanti ma non appartenenti alla famiglia reale. Conteneva 467 oggetti – tutti conservati al museo – che ci hanno raccontato tantissime cose sulla vita quotidiana nell'antico Egitto all'epoca di Amenhotep II, quella in cui vissero Kha e Merit, circa cento anni prima di Tutankhamun.

Sappiamo che Kha era il responsabile dei lavori della necropoli reale, cioè il luogo dove si costruivano le tombe dei faraoni della sua epoca. Nella sua tomba, tra i vari oggetti che vi furono riposti per accompagnare lui e sua moglie nell'aldilà, sono stati trovati due cubiti, ovvero due esemplari di quello che per noi oggi è il metro, l'unità di misura della lunghezza. Uno dei due era un cubito semplice di legno scuro, una specie di righello con cui Kha prendeva le misure durante i lavori delle tombe. L'altro era un oggetto decorativo: ha l'anima di legno ma è tutto rivestito d'oro. Gli fu regalato dal faraone per ricompensarlo del suo eccellente lavoro.

Merit, che morì molti anni prima di Kha, fu seppellita con i suoi oggetti più belli, tra cui due parrucche: una le fu messa sul capo ed è avvolta dalle bende insieme al suo corpo, mentre l'altra fu conservata in un portaparrucca e può essere ammirata in una delle vetrine del museo. Oltre a oggetti personali, mobili della loro casa e abiti che avevano indossato in vita, Kha e Merit furono sepolti insieme a numerose porzioni di cibo, che dovevano servire a nutrire le loro anime nell'aldilà, e ad un lungo papiro con formule magiche che li avrebbero accompagnati nel loro viaggio nell'oltretomba.

Ernesto Schiaparelli, lo scopritore della tomba, era il

direttore del Museo Egizio e, secondo la legge in vigore all'epoca, poté portare tutto il contenuto della tomba a Torino, dove è rimasto e ha continuato a essere studiato, rivelando sempre nuovi dettagli sulla storia dell'Egitto all'epoca di Kha e Merit. Le ultime scoperte risalgono al 2017, quando le mummie sono state sottoposte a una tomografia assiale computerizzata (TAC), un esame che ha permesso di vedere attraverso le bende e di appurare, per esempio, che per mummificare i due sposi è stata usata una tecnica diversa da quella usata per Tutankhamun.

Ci sono poi altre due ragioni per cui la tomba di Kha e Merit è così importante per noi. Pensa innanzitutto ai milioni di persone che l'hanno visitata qui al museo negli anni. Ciascuno di loro sarà rimasto colpito da qualcosa di diverso e avrà portato con sé quel ricordo.

E pensa anche al fatto che ora la tomba fa anche parte della storia della città di Torino, che la ospita e se ne prende cura da tanti anni.

La tomba di Tutankhamun e quella di Kha e Merit sono molto diverse, ma ci dicono la stessa cosa: gli oggetti del passato sono vivi, parlano, ci raccontano tantissime storie. Basta fare loro le domande giuste, come ha fatto cento anni fa Howard Carter e come fanno oggi tutti gli archeologi che studiano i tesori di queste e tante altre sepolture.

Ecco, io spero che questo libro sarà per te come la tomba di Tutankhamun per Carter e quella di Kha e Merit per il Museo Egizio di Torino: un viaggio nel tempo che ti faccia venire in mente un sacco di domande. Sull'antico Egitto e sulla storia: quella del posto in cui vivi, del tuo paese, della tua città, e anche della tua.

Buon viaggio!

Evelina Christillin
Presidente del Museo Egizio di Torino

STORIE DI OGGETTI E DI PERSONE

Perché conserviamo oggetti che appartengono a epoche passate?

Se sei stato in un museo, sono sicuro che te lo sarai chiesto almeno una volta. Per rispondere a questa domanda dobbiamo domandarci innanzitutto cosa significhi per noi ricordare e quindi il suo opposto, ovvero dimenticare.

Ricordare significa creare un legame con il passato, con eventi trascorsi e persone che non ci sono più. È inutile girarci intorno, so che è un argomento a cui da piccoli e da giovani non si presta grande attenzione, anzi, si tende proprio a non pensarci. Mi spiego: il punto è che qui stiamo parlando dell'evento che più di ogni altro divide il "prima" dal "dopo", ovvero la morte.

Quando una persona muore, il suo corpo viene seppellito, ma tutti i ricordi legati a lei restano vivi e presenti.

Col trascorrere degli anni, però, è normale che i ricordi si affievoliscano e magari, nel tempo, una persona possa anche essere dimenticata. Gli antichi Egizi mettevano in pratica tutta una serie di azioni proprio per oltrepassare i limiti dell'esistenza terrena e far vivere il proprio ricordo e quello degli antenati.

Se ci pensi bene, i morti possono essere celebrati in due modi: rispetto al passato, mantenendone vivo il ricordo (pensa ai tuoi bisnonni, alle storie che magari ti raccontano in famiglia su di loro), e rispetto al presente e al futuro, celebrando e aumentando la loro fama e la loro gloria (come succede per i personaggi storici a cui sono intitolate le vie e le piazze delle nostre città). Nell'antico Egitto, questi due aspetti erano combinati: le persone che potevano permetterselo si facevano costruire una tomba mentre erano ancora vivi, un luogo dove essere sia ricordati che celebrati. La tomba veniva chiamata *per djet*, ovvero "casa eterna", a differenza della casa in cui le persone vivevano la loro vita di tutti i giorni, quella che un giorno sarebbe finita.

Ma se le tombe erano importanti, ancora di più era l'aver condotto una vita virtuosa. I monumenti funebri servivano a conservare il corpo, ma il nome della persona poteva continuare a vivere anche nel semplice suono della voce: nei testi antichi Egizi, infatti, leggiamo che una persona vive se viene pronunciato il suo nome. Essere ricordati dalla propria comunità, dalle persone in mezzo alle quali si è vissuto e da quelle che verranno dopo che non ci saremo più è un desiderio comune all'intera umanità. E ricordare i morti è importante anche per la comunità stessa: scegliere chi e cosa ricordare è uno dei modi che abbiamo per raccontare noi stessi.

Essere dimenticati era, dunque, il peggiore dei mali per gli antichi Egizi. E se questo vale per le persone, in realtà vale anche per gli oggetti.

Quanto è distante da noi il passato?

La parola archeologia nasce dall'unione delle parole greche *logos* e *archaios*, ovvero "discorso" e "antico". Ed è proprio quello che fa: studia le cose antiche. Di solito si dice che il suo scopo sia scoprire il passato, ma per essere precisi questa disciplina cerca di dare un senso compiuto ai frammenti del tempo, di tutto il tempo e non solo del passato più remoto. Uno scavo archeologico, infatti, è un'operazione molto affascinante ma anche molto distruttiva. Pensa a come si svolge: gli strati superiori del terreno, accumulati in epoche più recenti, vengono smantellati per raggiungere quelli inferiori, corrispondenti a periodi più antichi. In altre parole, per cercare tracce di memorie più antiche, vengono distrutte tracce di memorie più recenti. Per questo è importantissimo registrare con cura tutto quello che viene rimosso durante uno scavo. Oggi gli archeologi tengono traccia di ogni cosa che trovano, ma non è stato sempre così. Nel passato, i resti di periodi giudicati meno interessanti sono stati rimossi senza lasciare testimonianza per dare rilievo ai resti di periodi che, invece, in quel momento erano ritenuti più interessanti.

Un'indagine storica accurata deve sempre chiedersi: chi ha fatto cosa, quando, dove, come e perché. Vedrai che questo libro segue proprio questa sequenza. Nelle prossime pagine sentirai parlare spesso anche del contesto, ovvero della relazione tra i reperti e il loro luogo di ritrovamento. Solo studiando insieme l'oggetto e il luogo in cui è stato ritrovato è possibile provare a capire a che cosa servisse. Per esempio, vasi molto simili potevano essere usati in modi molto diversi in una casa, in una tomba o in un tempio, e quindi sapere dove un vaso è stato trovato ci fornisce informazioni importanti per ricomporre un'immagine del passato.

La nostra ricostruzione è, appunto, solo un'immagine. Anzi, è solo una delle possibili immagini che possiamo ricostruire sulla base di ciò che conosciamo in quel preciso momento. Quando faremo nuove scoperte, o nuovi studi e aggiungeremo nuovi elementi alle nostre conoscenze, l'immagine che abbiamo del passato potrà e dovrà cambiare.

Pensa, per esempio, ai tuoi libri di scuola: quelli che usi tu sono stati scritti recentemente e rispecchiano le conoscenze attuali nelle varie materie che studi. I libri di scuola dei ragazzi di 50 o 100 anni fa rispecchiavano le conoscenze di 50 o 100 anni fa: se alcuni argomenti sono rimasti identici (per esempio il teorema di Pitagora), altri invece sono molto cambiati (per esempio tutto ciò che riguarda la tecnologia). E anche gli argomenti che sono rimasti identici adesso vengono insegnati diversamente. Il nostro punto di vista cambia continuamente, a mano a mano che le nostre conoscenze si evolvono, e questo vale in tutti i campi del sapere.

Quindi, quello che noi sappiamo oggi dell'antico Egitto è il nostro punto di vista attuale. I libri di egittologia di 50 o 100 anni fa dipingono un quadro diverso dal nostro, e sono il prodotto delle conoscenze dell'epoca, basate sugli scavi realizzati fino a quel momento, sullo studio degli oggetti rinvenuti fino ad allora, e sulle conoscenze dei testi aggiornate a quel periodo, che sono state poi inevitabilmente modificate dall'avvento di nuovi elementi. L'archeologia, perciò, non è una semplice scienza della scoperta, ma rappresenta anche il modo in cui la società in cui viviamo – tutti noi, anche tu – e i resti del passato dialogano tra loro.

I musei come ponti tra passato, presente e futuro

Quindi, la prossima volta che entri in un museo, ricordati che ti trovi in un luogo che serve a custodire il passato, ma anche in un laboratorio di innovazione che cerca di fornire sempre nuove risposte e proporre nuove immagini del passato, costantemente riviste e aggiornate sulla base di nuovi studi. In particolare, gli strumenti digitali più recenti ci danno l'opportunità di effettuare indagini più adeguate e comunicare i risultati in maniere nuove e più coinvolgenti.

Accanto ai tradizionali diari di scavo, disegni, rilievi è ormai normale utilizzare fotografie digitali, modelli tridimensionali, video e registrazioni audio. Molte analisi che effettuiamo adesso sui reperti generano dati che vengono elaborati e trasmessi attraverso software dei computer, e non più da persone che scrivono su carta. Questo tipo di materiale non viene conservato in una biblioteca, ma in hard-disk e server che richiedono la collaborazione di informatici e tecnici esperti. La costruzione di quello che possiamo chiamare il "patrimonio culturale digitale" necessita di uno scambio continuo fra le innovazioni tecnologiche che sempre più spesso provengono da altri campi disciplinari, i modi in cui viene condotta la ricerca sul campo e le esigenze del pubblico e degli studiosi.

I mezzi e gli strumenti a nostra disposizione si sono moltiplicati, ma il cuore del discorso resta sempre lo stesso: studiando le tracce del nostro passato, persone che non ci sono più possono rivivere grazie agli oggetti che ci hanno lasciato, ognuno dei quali racchiude un frammento di memoria che può essere combinato con altri per ricostruire una storia.

Come ha scritto l'archeologo Ian Hodder, persone e oggetti sono strettamente legati tra loro, e dipendono gli uni dagli altri: «Le persone dipendono dalle cose, le cose dipendono da altre cose e le cose dipendono dalle persone».

Questo libro racconta le storie intrecciate di due persone, Tutankhamun e Howard Carter, separati dal tempo ma uniti da un luogo, la Valle dei Re, e lo fa attraverso gli oggetti che appartennero a uno e furono riscoperti dall'altro.

Buona lettura!

Christian Greco
Direttore del Museo Egizio di Torino

PRIMA DI COMINCIARE

In queste pagine troverai **ALCUNE PAROLE** evidenziate in modo diverso.

Potresti leggerle qui per la prima volta: sono utili perché ci dicono delle cose che hanno a che fare con l'antico Egitto in cui visse Tutankhamun.

Vai in fondo al libro, a pagina 199, ogni volta che vorrai per capire meglio di cosa parliamo nei capitoli e per approfondire informazioni interessanti.

I LUOGHI DELLA STORIA

CHI, COSA, DOVE E QUANDO

EGITTO 1350 A.C.
IL REGNO DI TUTANKHAMUN

C'era una volta, 3000 anni fa

Qual è la prima cosa che ti viene in mente se ti dico *Tutankhamun*? Probabilmente la sua maschera d'oro tempestata di pietre preziose. E poi la sua mummia, i suoi sarcofagi decorati e i tesori che vennero rinvenuti nella sua piccola tomba scavata nella roccia.

In realtà, tutti i faraoni di quel periodo vennero seppelliti in compagnia dei loro tesori, ma **tutte le loro tombe furono depredate, una dopo l'altra**. I ladri trovarono gli accessi esterni, ruppero i sigilli, entrarono nei corridoi e si appropriarono di ogni ricchezza. Aprirono i sarcofagi, strapparono i gioielli dai corpi dei sovrani e abbandonarono i resti umani al loro destino.

Pian piano, tutti gli oggetti contenuti nelle tombe

scomparvero, lasciando corridoi e sale a riempirsi di sabbia e detriti.

Nascosta sotto un cumulo di macerie, dimenticata per millenni, **rimase intatta solo una tomba: quella di Tutankhamun**, appunto. Scoprendola Howard Carter ha permesso al sovrano di riemergere dall'oblio e di centrare in pieno l'obiettivo comune a tutti gli antichi Egizi, non solo ai faraoni: fare in modo che il loro nome fosse ricordato nei secoli futuri.

Dalla morte di Tutankhamun ne sono passati 30 di secoli, cioè 3000 anni, e noi siamo qui ancora a parlare di lui. Sappiamo molte cose della sua tomba, e continuiamo a scoprirne di nuove approfondendo gli studi che la riguardano e che riguardano i tesori che conteneva. E che cosa sappiamo del faraone e della sua vita? Di notizie certe, delle quali siamo sicuri al 100%, ne abbiamo pochissime, in alcuni ambiti praticamente nessuna: non conosciamo la sua data di nascita, non sappiamo esattamente chi fossero i suoi genitori, e neanche quanti fratelli o sorelle avesse. Possiamo solo fare ipotesi: ne sono state fatte tante e tante continueremo a farne perché, come vedremo, il tesoro di Tutankhamun ha ancora moltissime storie da raccontare.

L'Egitto in cui nacque Tutankhamun

Howard Carter, l'uomo che 100 anni fa scoprì la tomba, nei suoi diari scrisse che l'unica notizia certa sul faraone era che morì e che fu sepolto. In realtà sappiamo anche che nacque in uno dei periodi più interessanti della storia egiziana: i diciassette anni (1353-1335 a.C.) del regno del faraone Amenhotep IV.

Di Amenhotep IV sappiamo che era il secondogenito di Amenhotep III e che non sarebbe salito al trono se il fratello maggiore, Tuthmosi, non fosse morto prematuramente. Durante il Quarto Anno di regno, Amenhotep sposò Nefertiti, con la quale avrebbe poi avuto sei figlie femmine: Meritaten (tieni a mente questo nome), Meketaten, Ankhesenpaaten (e tieni a mente anche questo), Neferneferuaten Tasherit, Neferneferura e Setepenra.

Per i primi quattro anni, la vita dell'antico Egitto continuò uguale identica a come era stata prima di Amenhotep IV: la capitale del regno e la corte stavano a Tebe e il faraone governava seguendo l'eredità del padre e rispettando i principi della religione politeistica, che prevedeva l'adorazione di tante divinità. Nel suo Quinto Anno di regno, però, Amenhotep fece una cosa che nessun faraone prima di lui aveva mai fatto: cambiò il suo appellativo regale, il nome con cui era conosciuto in tutto il regno. Smise di chiamarsi Amenhotep, che significa "il dio Amun è soddisfatto", e cominciò a farsi chiamare Akhenaten, che significa "colui che è utile al dio Aten".

La differenza tra i due nomi sembra piccola, ma in realtà era enorme. Il dio-sole Amun era adorato da sempre insieme a un gruppo di altre divinità, tutte rappresentate come persone con la testa di animali o con corone particolari sul capo. Anche il dio Aten era una divinità solare, ma non era una persona: era proprio il disco del sole, un cerchio senza volto da cui scendevano raggi di luce verso la terra.

Il nuovo nome del faraone diceva che ora sull'Egitto regnava un sovrano al quale non interessava più essere motivo di soddisfazione per Amun e gli dèi a lui legati, ma essere utile solo ad Aten. Come? Diffondendo il suo **CULTO** e trasmettendo agli uomini la sua volontà. Volontà che, cosa molto importante, solo il faraone poteva interpretare. **In pratica, l'Egitto passò a un culto monoteista e il re diventò l'unico "portavoce" dell'unico dio.**

Per Aten, Akhenaten fece costruire una città che

chiamò Akhetaten, cioè "orizzonte del dio Aten". Spostò lì la capitale del regno e andò a viverci con tutta la corte. I templi della nuova città vennero costruiti a cielo aperto, senza il tetto, perché non custodivano più le statue delle divinità, ma Aten ci entrava direttamente con i suoi raggi. **Perfino l'arte cambiò completamente.** Il sole non fu più rappresentato come un uomo con la testa di ariete (cioè criocefalo, un termine che nasce dall'unione delle parole greche *kriós* e *kephalé*, ovvero ariete e testa) o uno scarabeo (simbolo del sole mattutino), ma come un semplice disco senza volto, come ti ho detto prima.

Il cambio di nome del faraone, quindi, racchiudeva in sé tutti questi grandi cambiamenti.

Akhenaten regnò sull'Egitto dalla sua nuova città, circondato dai nuovi templi che aveva fatto costruire. Nella nuova capitale, nel Dodicesimo Anno di regno, giunsero a omaggiarlo gli ambasciatori delle popolazioni del Vicino Oriente, i Libici e i Nubiani, che avevano da sempre rapporti con l'Egitto e rappresentavano tutto il mondo allora conosciuto al di fuori della valle del Nilo. Nel Diciassettesimo Anno di regno, Akhenaten morì, e fu sepolto in una tomba scavata nella roccia in fondo a una valle desertica accanto alla sua città. Alla sua morte, il culto di Aten perse il suo più grande sostenitore, e non riuscì a sopravvivere a lungo.

ARTE AMARNIANA ⟷ ARTE TRADIZIONALE

Prima di Akhenaten, i faraoni erano rappresentati nei dipinti e nelle statue come creature perfette. Nello stile amarniano (una parola che viene da Tell el-Amarna, il nome moderno della città di Akhetaten), invece, il collo diventò molto allungato così come le mani, i piedi e gli arti in generale. Le cosce e il ventre diventarono pronunciati e il contrasto fra i fianchi e la vita si fece più marcato, così come i tratti del volto. La figura del re diventò subito riconoscibile, distante e diversa da quella dei sovrani che lo avevano preceduto. E diventò androgina, cioè non si capiva se quello rappresentato fosse un uomo o una donna. Forse era un modo di far capire che il re era come il dio Aten, allo stesso tempo padre e madre del creato.

"STATUA
DI AKHENATEN"
(particolare), Museo Egizio
delle Antichità, Il Cairo.

"RILIEVO CON
AKHENATEN E
LA SUA FAMIGLIA
(NEFERTITI E TRE
FIGLIE) SOTTO
I RAGGI DI ATEN",
Neues Museum,
Berlino.

Entra in scena Tutankhamun

Che cosa c'entra tutto questo con Tutankhamun, la sua mummia e la sua tomba? C'entra, prima di tutto, perché sappiamo che il futuro faraone nacque proprio mentre in Egitto succedeva tutto questo. Infatti, il suo nome originario era Tutankhaten ovvero "immagine vivente di Aten". È stata ritrovata un'unica **ISCRIZIONE**, probabilmente del Dodicesimo Anno di regno di Akhenaten, in cui si parla del "figlio carnale del re, il suo amato, Tutankhaten". Forse era figlio di Akhenaten ma non di Nefertiti, che non aveva avuto figli maschi. Sua madre potrebbe essere stata Kya, "amata sposa del sovrano", di cui non ci sono più notizie proprio a partire dal Dodicesimo Anno di regno.

Per ricostruire i dettagli che riguardano la nascita del futuro re servirebbero testi scritti che ci raccontino come andarono le cose. Subito dopo la scoperta della tomba di Tutankhamun, Lord Carnarvon, il finanziatore dello scavo di Howard Carter, scrisse ad Alan Gardiner, grande studioso ed esperto di lingua egiziana, dicendo che nella sepoltura c'erano alcuni papiri. In realtà si scoprì che erano teli di lino e non documenti, e la speranza di sapere di più della nascita di Tutankhamun svanì subito. Da allora sono passati 100 anni e ancora non sappiamo esattamente chi fossero i suoi genitori.

La seconda ragione per cui la storia di Akhenaten c'entra con Tutankhamun è che fu proprio Tutankhamun a riportare l'Egitto alla tradizione religiosa precedente, anche se non fece esattamente tutto da solo.

Ma andiamo con ordine. Intanto, tra la scomparsa di Akhenaten e l'ascesa al trono del giovane Tutankhaten, le **FONTI** dicono che ci sono stati altri due faraoni: Ankhkheperura Smenkhkara e Ankhetkheperura Neferneferuaten.

Del primo, sappiamo solo che governò per pochissimo, ma non abbiamo idea di chi fosse: forse aveva sposato Meritaten (te la ricordi? La primogenita di Akhenaten); forse era un figlio del faraone o un suo fratello minore; forse regnò assieme ad Akhenaten e morì prima del re; forse era Nefertiti che aveva assunto una **PERSONALITÀ MASCHILE**.

Del secondo, sappiamo che era una donna: forse Meritaten, che salì al trono dopo la morte del marito Smenkhkara; forse Nefertiti, che aveva già assunto l'appellativo di Neferneferuaten (che significa "la bella delle belle di Aten") durante il regno del marito. Potrebbe essere salita al trono come **COREGGENTE** dopo la morte del faraone, o potrebbe avere accompagnato Tutankhaten, ancora bambino, nei primi anni di governo. Certo è che regnò pochissimo: un graffito fa riferimento al Terzo Anno di regno di Ankhetkheperura Neferneferuaten. Dopo questo graffito, della regina non si parla più in nessuna fonte.

Ed è qui che entra in scena il primo protagonista di questa storia.

Tutankhamun e il suo regno

Quando Tutankhamun, anzi, Tutankhaten salì al trono, nel 1333 a.C., era un bambino.

Lo era davvero, non per modo di dire: si pensa che avesse un'età compresa fra i 7 e i 9 anni. In pratica, un bambino delle elementari a capo di un regno potentissimo. La prova che siamo molto vicini alla verità riguardo alla sua età è nella tomba di Maia, la nutrice del sovrano, ritrovata nel 1996 dall'archeologo francese Alain-Pierre Zivie nella **NECROPOLI DI SAQQARA**. In uno dei dipinti, infatti, compare il piccolo Tutankhamun in braccio alla sua balia e con indosso già i simboli regali.

Anche Tuthmosi III (1479-1425 a.C.) e Amenhotep III (circa 1390-1353 a.C.) erano saliti al trono giovanissimi, ma finché non erano stati abbastanza grandi per governare da soli lo avevano fatto insieme alla matrigna, il primo, e alla madre, il secondo. Nel caso di Tutankhaten, però, non era rimasto nessuno della famiglia reale che potesse affiancarlo e guidare i passi del faraone bambino. Perciò, fu il comandante in capo dell'esercito, il generale Horemheb, a farlo, pur non avendo alcun legame di sangue con il sovrano.

HOREMHEB AL MUSEO EGIZIO DI TORINO

Il generale divenne faraone nel 1319 a.C. e regnò fino al 1307 a.C.

Il **TESTO DELLA SUA INCORONAZIONE** è iscritto sul retro di una statua conservata al Museo Egizio a Torino. Il generale suggerisce di aver consigliato lui al giovane Tutankhamun di abbandonare Amarna "quando il caos si era sviluppato a palazzo", ovvero dopo la morte di Akhenaten e dei suoi successori.

Un bambino così piccolo non poteva prendere da solo importanti decisioni politiche e religiose. Prova a immaginare tuo fratello minore, o il tuo cuginetto più piccolo che governa un paese importante come l'antico Egitto. Ti sembra impossibile, vero? Anche perché la situazione che Tutankhaten aveva ereditato era molto complicata. Alla morte di Akhenaten, infatti, il culto di Aten perse il suo più grande sostenitore e non riuscì a sopravvivere a lungo. I difensori degli dèi abbandonati in favore di Aten fecero sentire la loro voce e il piccolo faraone fu messo sotto pressione. Dalle poche notizie che abbiamo, possiamo affermare che una volta asceso al trono, dopo i turbolenti anni che seguirono la morte di Akhenaten, insieme alla sua sposa e sorellastra Ankhesenpaaten (te la ricordi? La terza figlia di Akhenaten), Tutankhaten abbandonò la città di Akhetaten e restaurò il culto tradizionale ponendo fine alla riforma monoteista di Akhenaten.

Come segno definitivo del cambiamento, il faraone lasciò il nome di Tutankhaten e prese quello di Tutankhamun, cioè "immagine vivente del dio Amon", abbandonando definitivamente il culto di Aten per tornare a quello di Amun. Anche la **GRANDE SPOSA REGALE** cambiò il proprio nome da Ankhesenpaaten, che significa "possa ella vivere per il dio Aten", ad Ankhesenamun, cioè "possa ella vivere per il dio Amun". Anche questa volta **un piccolo cambiamento indica una grande rivoluzione nella vita di un paese intero**. La controrivoluzione fatta da Tutankhamun – e dagli uomini che lo consigliavano – è tutta riassunta in quel nuovo nome.

Si può davvero tornare indietro?

Akhenaten aveva abbandonato Tebe all'inizio del suo regno, ma tornare lì era complicato perché il risentimento contro il sovrano precedente era ancora molto forte. Per questo Tutankhamun, nel Secondo Anno di regno, si spostò nell'antica capitale Menfi, al nord del paese.

Il testo principale per comprendere cosa accadde durante i dieci anni di regno di Tutankhamun, proviene dalla **STELE DELLA RESTAURAZIONE**, rinvenuta all'ingresso del tempio di Karnak tra il 1905 e il 1907. È interessante leggere alcune righe: «Quando sua maestà fu innalzata nel ruolo di re, i templi degli dei e delle dee, da Elefantina alle paludi del Delta del Nilo, erano caduti in rovina; i santuari erano in desolazione ed abbandono, coperti da sterpaglie; le cappelle sembrava non fossero mai esistite». Per far fronte alla situazione il sovrano commissionò statue d'oro e di pietre preziose, fece riparare e ricostruire i templi, concesse terreni e personale ai luoghi di culto di modo che «gli dei e le dee che sono nel paese possano essere gioiose nei loro cuori; i proprietari dei santuari felici; i territori in uno stato di festa e giubilo».

I templi fatti costruire da Akhenaten per il dio Aten furono smontati pezzo dopo pezzo, e i blocchi furono riutilizzati come riempimento nelle nuove mura dei templi di Tebe. Il dio Aten non scomparve completamente, ma fu di nuovo relegato in una posizione secondaria.

Dai rilievi della tomba di Horemheb a Saqqara si può dedurre che durante il regno di Tutankhamun vennero condotte anche operazioni militari in Asia Minore e Nubia, sotto la guida del comandante dell'esercito. In effetti, era necessario intervenire per rinforzare l'impero egiziano al di fuori dei propri confini, ma nonostante questo non si può dire che ci furono campagne importanti come quelle che Horemheb avrebbe poi intrapreso una volta divenuto faraone.

Curiosamente Tutankhamun sembra essersi imbarcato in un'altra complessa operazione: quella di trasferire il corpo di Akhenaten e di sua madre, la regina Tiy, da Akhetaten a Tebe. Nel 1907 l'archeologo inglese Edward Ayrton scoprì nella Valle dei Re una piccola tomba non decorata, composta da un corridoio che conduceva a un'unica camera. Il corredo rinvenuto comprende oggetti appartenuti a vari membri della famiglia reale di Akhetaten, tra cui un sarcofago in legno dorato che conteneva dei resti maschili.

Il nome scritto sul sarcofago era stato cancellato, ma i mattoni magici (elementi che dovevano contribuire, secondo le credenze funerarie antico-egizie, a creare uno spazio sacro e protetto) ritrovati nella tomba menzionano il sovrano amarniano. L'ipotesi che si trattasse dei resti di Akhenaten fu apparentemente smentita da un primo esame, condotto nel 1912, che concluse che essi appartenevano ad un uomo troppo giovane. Un accurato riesame avvenuto nel 1988 ha spostato in avanti l'età dell'uomo e recenti studi sul suo DNA hanno suggerito che egli fosse strettamente imparentato con Tutankhamun. Purtroppo, però, questo non basta ad assicurarci che si tratti di Akhenaten, e non di un altro componente della famiglia.

Finisce una storia

Intanto, gli operai che lavoravano alle tombe reali nella Valle dei Re avevano iniziato a scavare nella roccia la tomba per il giovane faraone, pensando che avrebbero avuto davanti molto tempo per completarla. Invece, all'improvviso Tutankhamun morì, dopo appena una decina d'anni di regno, proprio mentre l'Egitto era impegnato in una guerra con gli Ittiti che terminò con la sconfitta ad Amqa, vicino a Qadesh. La notizia della disfatta raggiunse il paese probabilmente negli stessi giorni della morte del sovrano.

A PROPOSITO DI ITTITI

Alla morte del giovane re, probabilmente Ay cercò di negoziare una pace con gli Ittiti e, nello stesso tempo, di provvedere alla giovane Ankhesenamun. Scrisse al re ittita Šuppiluliuma e gli chiese se uno dei suoi figli potesse sposare la vedova di Tutankhamun, divenendo sovrano dell'Egitto e suggellando con un accordo dinastico l'unione dei due paesi. Nella capitale ittita la prima reazione non fu di grande entusiasmo e, quando finalmente Šuppiluliuma si convinse e mandò il proprio figlio Zannanza in Egitto, questi venne ucciso mentre era in viaggio, probabilmente da sicari fedeli a Horemheb e il conflitto con gli Ittiti continuò.

Non sappiamo se le truppe fossero guidate in quel momento da Horemheb anche se il fatto che il generale non sembra essere stato coinvolto nei preparativi del funerale fa presumere che fosse lontano dal paese. Toccò ad Ay, il gran Vizier di Tutankhamun, occuparsi della sepoltura e assumere il trono (1323-1319 a.C.). Accanto a lui, anche il tesoriere Maya fu tra coloro che organizzarono il funerale e decisero cosa sistemare accanto al faraone.

Quando la porta esterna fu chiusa e sigillata, il silenzio calò nella piccola tomba, che fu presto dimenticata.

TEBE OVEST, 1881 D.C.
ALLA SCOPERTA DELLA VALLE DEI RE

La Valle dei Re

«Il falco è volato in cielo e il sovrano suo figlio è seduto sul trono di Ra al suo posto.»

Oggi possiamo leggere queste parole nel *Giornale della Necropoli*, un papiro conservato al Museo Egizio di Torino, ma devi immaginare che 3000 anni fa risuonavano pronunciate ad alta voce nella vastità della Valle dei Re. Era lì, infatti, che il capo dei *Medjay* (la polizia) annunciava agli operai che stavano lavorando alla costruzione della tomba la morte del faraone e l'ascensione al trono del suo successore. Dal momento dell'annuncio, l'incoronazione del nuovo faraone e il rito funebre del suo predecessore diventavano il centro di celebrazioni e riti fondamentali, scanditi da regole precisissime.

Nell'antico Egitto, il corpo dei defunti veniva trattato in modo da non farlo corrompere e poi sistemato in una tomba fornita di tutto il necessario per la sua rigenerazione, che sarebbe avvenuta attraverso una *wehem mesut*, cioè una "nuova nascita". Questo valeva per i funerali di chiunque, ma ovviamente nel caso dei faraoni tutto era fatto in grande stile, a partire dalla scelta del luogo dove realizzare la tomba.

LA VITA DOPO LA MORTE

Gli antichi Egizi credevano che la persona fosse composta da vari elementi, tra cui: il *khet*, il corpo; l'*ib*, il cuore, sede delle emozioni; il *ren*, il nome; il *ba*, cioè la personalità, rappresentata da un uccello con testa umana; il *ka*, la forza vitale e l'*akh*, cioè lo spirito, un'entità luminosa. Nel momento della morte tutti gli elementi si separavano.

Come in una specie di puzzle, le operazioni che gli antichi Egizi compivano sul corpo del defunto servivano a ricostituire l'unità della persona nell'aldilà. Innanzitutto, il corpo veniva mummificato per conservarlo quanto più possibile nella forma che aveva da vivo. Le tecniche si affinarono progressivamente: all'inizio i corpi venivano semplicemente essiccati e bendati, poi si cominciò a rimuovere gli organi interni, principali responsabili del naturale processo di disfacimento di ogni organismo. Solo il cuore veniva lasciato nel corpo, che veniva ricoperto di un sale chiamato *natron* per 70 giorni, poi cosparso di resine profumate e bendato.

Spesso tra le bende venivano sistemati amuleti in posti specifici del corpo e chi poteva permetterserlo veniva seppellito con i suoi gioielli migliori. In alcuni casi ai defunti venivano messi occhi finti e parrucche, che davano alle mummie un aspetto ancora più realistico. Dopo il processo di mummificazione che metteva al sicuro il *khet*, il *ba* poteva tornare alla tomba, dentro cui era scritto chiaramente il *ren* e dove veniva posta una statua del defunto, destinata a ospitare il *ka*, insieme a provviste di cibo che ne garantissero la sopravvivenza. La riunificazione del *ba* e del *ka* permettevano all'*akh* di rianimarsi.

Una volta seppellito, il defunto si presentava davanti al dio Osiride, che lo attendeva nell'aldilà. Prima però doveva superare una prova importantissima: la pesatura del cuore, che era rimasto nel suo corpo. Il dio Anubi, assistito dal dio Toth (che prendeva nota del risultato), posava il cuore sul piatto di una bilancia. Sull'altro piatto metteva una piuma, simbolo della dea Maat, che rappresentava l'equilibrio del mondo: il cuore del defunto doveva pesare meno della piuma. Solo in questo modo il defunto poteva poi essere accolto da Osiride. In caso la pesatura del cuore fosse andata male, il cuore stesso sarebbe stato divorato immediatamente da un mostro chiamato Ammit, con il muso di coccodrillo, la testa e il tronco di leone e il posteriore di un ippopotamo. Il defunto sarebbe finito in un terribile mondo rovesciato, in cui si camminava a testa in giù e si mangiavano escrementi – un luogo davvero spaventoso!

Capisci bene anche tu perché tutti gli antichi Egizi speravano di superare con successo la pesatura del cuore. Per avere un aiuto in più, nelle tombe conservavano anche testi che elencavano ogni azione negativa che il defunto non aveva compiuto: «Non ho impoverito un misero, non ho fatto ciò che è vietato dal dio, non ho danneggiato il servo presso il suo padrone, non ho avvelenato, non ho fatto piangere, non ho ucciso, non ho barato...». Se tutto andava bene, il defunto accedeva a una nuova vita dopo la morte, che sarebbe durata in eterno. Se andava male... meglio non pensarci!

Non solo piramidi

Per mille anni, dal 2600 al 1600 a.C., nei periodi storici chiamati Antico e Medio Regno, i faraoni erano stati seppelliti all'interno di grandi piramidi, costruite sull'altopiano che costeggiava la Valle del Nilo a ovest. Magari hai fatto un viaggio in Egitto e le hai viste, o magari le hai sentite nominare solo nei tuoi libri di scuola, ma di sicuro sai di cosa sto parlando. Si tratta di alcune fra le costruzioni più alte e complesse realizzate nell'antichità usando unicamente il lavoro di migliaia di uomini. In realtà, le piramidi erano solo una parte, la più visibile, di complessi funerari che comprendevano anche altri elementi.

Innanzitutto, un tempio mortuario costruito accanto alla piramide stessa, e poi un cosiddetto "tempio a valle" costruito più in basso, ai margini della zona che ogni anno veniva inondata dal Nilo. I templi a valle erano dotati di un piccolo molo, dove avrebbe attraccato la barca sacra con il corpo del faraone in viaggio verso la sua ultima dimora. I due templi erano collegati da una lunga rampa, a volte decorata con bassorilievi che celebravano le imprese del faraone.

Non molti sanno che ogni piramide grande era dotata di una cosiddetta "piramide satellite", una piramidina molto più piccola, la cui funzione non è stata ancora chiarita fino in fondo. Le piramidi reali, poi, spesso avevano accanto piramidi più piccole dedicate alle regine (ognuna a sua volta con una piccola piramide satellite), e poi una serie di tombe di dignitari e ufficiali di corte. A prescindere dalla presenza di piramidine o piramidi delle regine e dalle differenti tecniche costruttive, **tutti i farao-**

ni più potenti dell'Antico e del Medio Regno furono seppelliti in complessi funerari di questo tipo, sparsi sulla riva occidentale del Nilo nella zona compresa tra il Cairo e l'Oasi del Fayum. Le piramidi di Giza sono le più famose, ma in Egitto esistono più di 80 piramidi reali, anche se non tutte ben conservate.

I segreti della Valle dei Re

All'inizio del Nuovo Regno, cioè il periodo in cui visse Tutankhamun, i faraoni cambiarono sistema. Innanzitutto, cambiarono luogo e poi, a partire dalla Diciottesima Dinastia, smisero di costruire piramidi. Non ci hanno lasciato spiegazioni sul perché lo fecero, per cui possiamo solo fare supposizioni. Scelsero di farsi seppellire sul lato occidentale del Nilo, di fronte a Tebe, nel luogo che noi chiamiamo Valle dei Re. Il suo nome arabo è molto simile: *Biban el-Moluk*, cioè "porte dei re". Gli antichi Egizi la chiamavano, invece, *Ta set aat* ("il grande posto") o semplicemente *Ta init* ("la valle"). Si tratta di una zona montagnosa, nella quale svetta una cima a forma di piramide, detta *Meret Seger* ("colei che ama il silenzio"). Fu proprio questa montagna, che ricordava le grandi piramidi costruite dai faraoni dei periodi precedenti, il motivo per cui i nuovi sovrani scelsero questa zona come necropoli reale? Non ne abbiamo la certezza. Di sicuro, posso solo dirti che gli antichi Egizi erano molto bravi a mescolare motivi pratici e riferimenti simbolici, cioè a trovare connessioni tra parole, forme e idee. In questo caso, purtroppo, non ci hanno lasciato testimonianze scritte sulle ragioni della scelta, ma solo indizi che sta a noi cucire insieme.

Le tombe sotterranee erano raggruppate tutte insieme nella Valle dei Re ed erano nascoste alla vista di tutti. Il culto del faraone, invece, veniva celebrato in grandi templi costruiti lungo il margine della coltivazione, chiamati Templi di Milioni di Anni. Tra i più famosi e visitati ci sono quelli di Ramses II, conosciuto anche come Ramesseum, e quello di Ramses III, detto anche Medinet Habu, nel quale i colori delle parti alte di colonne e **ARCHITRAVI** sono ancora incredibilmente ben conservati.

La valle in cui furono scavate le tombe è divisa in due parti: quella orientale, dove si trova la maggior parte delle sepolture, e quella occidentale, in cui sono collocate le tombe di Amenhotep III e Ay (te lo ricordi? Era il generale che aveva guidato Tutankhaten nei suoi anni di regno).

La tomba più antica della Valle dei Re che conosciamo è quella di Tuthmosi I, alla quale è legato il nome di Ineni, l'architetto che la progettò e la costruì. Nell'**ISCRIZIONE BIOGRAFICA** conservata nella sua tomba a **GURNA** leggiamo: «Ho diretto gli scavi della **TOMBA RUPESTRE** del faraone, da solo, senza che nessuno mi vedesse o udisse. Fui attento nello scegliere tutto ciò che è perfetto. Ho raccolto nei campi grandi quantità di argilla per intonacare le tombe nella necropoli. Una tale opera che io mi trovai a fare qui non era mai stata compiuta da chi mi ha preceduto».

Cosa ti sembra di quello che Ineni racconta di sé? Potresti forse pensare che si stia vantando dei suoi successi, e questo in parte magari è vero. Ma in realtà ci sta dicendo due cose molto importanti: che ha fatto bene il suo lavoro (e questo è comprensibile perché a tutti piace parlare dei traguardi raggiunti), ma anche che l'ha fatto mantenendo il più stretto riserbo. Questo secondo aspetto era importante quanto il primo: era fondamentale che chiunque lavorasse alla realizzazione delle tombe dei faraoni mantenesse il segreto sulla loro posizione per proteggerle dai malintenzionati. Una volta che i rituali di sepoltura erano conclusi, la valle, infatti, rimaneva deserta, eccetto che per le squadre di operai che dovevano preparare la sepoltura del nuovo sovrano e la polizia che pattugliava la zona.

Tutti gli operai e gli artisti che ci lavoravano raggiungevano la valle a piedi dal villaggio di Deir el-Medina, dove abitavano tutti insieme, separati dal resto della popolazione della città. Si trattava di una comunità di scalpellini, pittori e scultori, che trascorreva la vita costruendo la tomba del sovrano in carica. I bambini del villaggio crescevano lì ed erano chiamati "figli della Tomba". Una volta raggiunta l'età adulta, potevano decidere se restare in quel luogo a vivere e lavorare, oppure se uscire dalla comunità e andare a vivere altrove. Gli operai che trascorsero la loro vita nel villaggio costruirono le loro stesse tombe nelle scarpate vicine, che sono tra le sepolture più belle visitabili oggi in Egitto. Nelle piccole camere scavate sottoterra, infatti, i bravissimi operai che coprivano le pareti delle tombe dei faraoni con motivi decorativi tradizionali, potevano dare libero sfogo alla loro creatività e realizzare decorazioni più libere e fantasiose.

Le tombe reali

Le tombe reali erano scavate nella roccia ed erano accessibili grazie a scale, rampe o corridoi discendenti. Il primo corridoio che si addentrava sottoterra si chiamava "il passaggio che è sul percorso del sole", perché era l'unico in cui entrava un po' di luce dall'esterno. Poi, devi immaginare che la tomba si inoltrava nel buio delle profondità della roccia. **Oggi le tombe della Valle dei Re sono illuminate con la corrente elettrica, ma a quel tempo gli operai che ci lavoravano avevano a disposizione solo un sistema di torce** che venivano spostate a seconda di dove si concentravano i lavori. Di solito dopo il primo corridoio ce n'erano altri due, che a volte erano seguiti da un profondo pozzo verticale. Non sappiamo esattamente se questi pozzi servissero a fermare il cammino dei ladri, ad assorbire le piogge improvvise che potevano riversarsi nella tomba e mettere in pericolo la vita degli operai che stavano lavorando in profondità, oppure se rappresentassero un collegamento con l'aldilà. Forse anche in questo caso, motivi pratici e simbolici si intrecciano in modo inestricabile.

La camera sepolcrale generalmente era più grande rispetto alle altre stanze e richiedeva anche un lavoro più complesso. Immagina di scavare una stanza sottoterra, un po' come quando da piccolo facevi le buche in spiaggia. Finché scavavi in verticale e in diagonale era abbastanza semplice, ma quando procedevi in orizzontale, se allargavi un po' il cunicolo, il peso del "soffitto" faceva crollare tutto. Nelle tombe della Valle dei Re si evitava che il soffitto crollasse grazie alla presenza di pilastri ricavati nella roccia che distribuivano il peso sovrastante.

Sia la successione delle stanze che la forma delle tombe cambiarono nel tempo: si passò da quelle molto ripide che si avvolgevano su loro stesse come una spirale scendendo in profondità nella terra a quelle dritte, disposte su un unico livello e poco inclinate. Ancora una volta non sappiamo se questo progressivo cambiamento fu dovuto a motivi religiosi, oppure a un problema che iniziò a presentarsi sempre più spesso: man mano che la valle si riempiva di tombe, durante lo scavo di quelle nuove capitava che gli operai finissero per sbaglio dentro una più vecchia. In tal caso, erano costretti a chiudere il buco e a cambiare direzione allo scavo. Forse per evitare questi contrattempi, con il passare del tempo **i faraoni decisero di realizzare tombe sempre meno inclinate**, riducendo così le probabilità di imbattersi in quelle precedenti.

L'organizzazione del cantiere

Come si iniziava lo scavo di una nuova tomba? La prima operazione era scegliere il punto di ingresso, meglio se lontano da altre tombe. Poi, occorreva accertarsi che la roccia fosse di buona qualità, in modo che le cavità da scavare resistessero nel tempo.

Infine, si dividevano gli operai in due squadre che lavoravano in parallelo, come una specie di grande catena di montaggio della tomba. C'era chi scavava e chi portava via le macerie, sotto lo sguardo attento di uno scriba che registrava tutto su pezzi di coccio o piccoli papiri. Periodicamente gli scriba calcolavano addirittura il volume di roccia che era stato rimosso in un dato periodo, e il totale dall'inizio dei lavori. Possiamo immaginare che queste informazioni fossero trasmesse lungo la linea di comando fino al faraone, per aggiornarlo sui progressi del cantiere.

Quando gli operai avevano finito lo scavo della parte più esterna, proseguivano in profondità, mentre nella parte iniziale entravano in scena altri operai che livellavano le pareti e le intonacavano per prepararle per l'opera di scultori e pittori. La decorazione serviva ad assicurare la prosecuzione della vita dopo la morte: le scene dipinte sulle pareti raccontano il pericoloso viaggio che il sole, una volta tramontato, compiva nel Duat, cioè l'aldilà. Secondo il mito, ogni notte il dio Ra doveva affrontare il serpente Apopi e sconfiggerlo per poter rinascere al mattino e tornare a illuminare la terra e assicurarle la vita. La rinascita del sole ogni mattina era di buon augurio per i defunti, che speravano di rinascere come lui dopo la notte della morte.

Non sappiamo quante tombe vennero costruite nella valle. Sappiamo che finora ne sono state rinvenute ben 63, oltre a pozzi, nascondigli, depositi in cui venivano riposte le sostanze utilizzate durante il processo di imbalsamazione. Queste tombe sono numerate grazie a un sistema ideato da John Gardner Wilkinson nel 1827. Quella di Tutankhamun, per esempio, è la KV62, dove il numero indica che è stata scoperta dopo altre 61 sepolture e la sigla KV sta per *Kings' Valley*, cioè Valle dei Re in inglese. Solo 24 sono sepolture di faraoni, le altre appartengono a figli, altri parenti del sovrano o alti ufficiali regali. Tutti i re a partire dalla Diciottesima fino alla Ventesima Dinastia furono sepolti qui, a eccezione di Akhenaten, sepolto ad Akhetaten, e Ramses XI, la cui tomba rimase incompleta. Non tutte le tombe, però, sono state identificate.

LA DIVISIONE IN DINASTIE

La suddivisione in dinastie che utilizziamo oggi per classificare i faraoni risale allo storico Manetone, che visse in Egitto all'inizio del Periodo Tolemaico, nel III secolo a.C. Per noi oggi si tratta di una distinzione molto utile e continuiamo a usarla, anche se in realtà sappiamo bene che si tratta di una semplificazione di una realtà forse più complessa.

I faraoni sono tradizionalmente classificati in 30 dinastie, a loro volta raggruppate nei periodi chiamati Predinastico e Protodinastico, Antico

Regno, Primo Periodo Intermedio, Medio Regno, Secondo Periodo Intermedio, Nuovo Regno, Terzo Periodo Intermedio e Periodo Tardo, cui si aggiunge la Dinastia Tolemaica del Periodo Greco-romano, dopo la quale l'Egitto divenne una provincia dell'Impero Romano e fu governato dagli imperatori raffigurati come faraoni.

Negli antichi elenchi ufficiali Egizi, redatti su papiro (come quello conservato al Museo Egizio di Torino) oppure incisi sulle pareti dei templi (come quello nel tempio di Seti I ad Abido), i nomi dei faraoni compaiono invece in una sequenza ininterrotta, senza alcuna divisione o raggruppamento. Dalle liste ufficiali vennero esclusi i faraoni che, per motivi vari, non avevano seguito la tradizione: tra quelli esclusi ci fu anche Akhenaten.

Non è stata ancora trovata la sepoltura del faraone che è considerato il fondatore della necropoli reale, Amenhotep I, e che per questo era venerato assieme alla madre Ahmes Nefertari. La sua mummia, tuttavia, è stata rinvenuta assieme alle altre mummie regali in un nascondiglio poco lontano, a Deir el-Bahari. La scoperta di questo deposito è una storia che vale la pena raccontare perché senza questa informazione chissà se Carter avrebbe mai cominciato a sognare di trovare la tomba di Tutankhamun.

Ladri e tesori

Sebbene le tombe e la valle fossero protette da squadre di *Medjay*, divennero presto oggetto di furti, molto spesso subito dopo la sepoltura. Ce lo raccontano le riparazioni che i sorveglianti della valle hanno fatto per rimediare ai danni arrecati dai tentativi di furto. Nella tomba di Tuthmosi IV, ad esempio, un testo in una bella **GRAFIA IERATICA** sulla parete meridionale dell'anticamera ricorda il restauro della tomba durante l'Ottavo Anno di regno di Horemheb da parte del Responsabile del tesoro Maya e del suo assistente Djehutymes. Fu probabilmente lo stesso Maya a mettere in sicurezza, riordinare e chiudere la tomba di Tutankhamun dopo i due furti subiti, apponendo il sigillo della necropoli, uno sciacallo che sovrasta 9 prigionieri legati. Anche la tomba di Yuya e Thuya, i genitori della regina Tiy, sembrava intatta al momento della scoperta nel 1905, ma in realtà era stata riparata dopo un tentativo di irruzione da parte dei ladri.

Due papiri ci raccontano che i furti continuarono anche negli anni immediatamente successivi.

Cosa ci raccontano i papiri?

Il cosiddetto "papiro dello sciopero", conservato al Museo Egizio a Torino e risalente al Ventinovesimo Anno di regno di Ramses III, parla di atti di vandalismo contro le tombe di Ramses II e dei suoi figli. I faraoni della Ventesima e della Ventunesima Dinastia facevano fatica a controllare il paese, e i saccheggi e le distruzioni si intensificarono in questo periodo confuso. Le autorità cercarono di contrastare i tentativi di furto, compiendo ispezioni periodiche nelle tombe e punendo in maniera esemplare i ladri colti a rubare.

Il papiro Abbott, conservato al British Museum, ci racconta il dettaglio di un'ispezione ordinata nel Sedicesimo Anno di regno di Ramses IX dal **VIZIER** Khaemwaset, per volere di Paser, governatore di Tebe est. Il papiro contiene addirittura il racconto in prima persona di un ladro che fece irruzione nella tomba di un re della Diciassettesima Dinastia: «Andammo a trafugare le tombe, come eravamo soliti fare. Trovammo la piramide del sovrano Sobekemsaf, che non era come le altre piramidi o le tombe dei nobili che eravamo soliti saccheggiare. Portammo con noi i nostri utensili di rame e penetrammo nella parte più interna della piramide di questo faraone. Trovammo le camere sotterranee, prendemmo delle candele e scendemmo ulteriormente. Ci facemmo strada fra i detriti e trovammo questo dio che era adagiato sul retro della sua camera sepolcrale. E trovammo anche la sepoltura di Nukhaas, la sua regina, situata vicino a lui, protetta da uno strato di intonaco e coperta di detriti. Aprimmo e la trovammo in una posizione simile a quella del suo sposo. Dopo aver aperto i sarcofagi in cui erano riposti trovammo la nobile mummia del sovrano adorna di un gran numero di amuleti e gioielli d'oro sul collo e una tiara d'oro sopra di lui.

La nobile mummia di questo sovrano era completamente ricoperta d'oro e i suoi sarcofagi erano decorati con oro e argento dentro e fuori e avevano intarsi di pietre preziose. Prendemmo tutto il corredo che trovammo composto da pezzi in oro, argento e bronzo. Ci dividemmo il bottino fra di noi. Spartimmo l'oro che trovammo su questi due dei e proveniente dalle mummie, dagli amuleti e dai sarcofagi in otto parti. E ciascuno di noi ricevette venti *deben* d'oro che fa un totale di centosessanta *deben* d'oro, senza includere gli altri frammenti del corredo».

Il papiro racconta poi che il ladro fu fermato qualche giorno dopo e il bottino fu sequestrato. Ma venne rilasciato molto in fretta, e tornò alla sua attività di saccheggio con molti altri abitanti di Tebe ovest. La situazione era evidentemente ormai fuori controllo, e le autorità non riuscivano più a impedire i furti. Non tutti i ladri però erano dei malviventi abituali. Nel papiro Mayer A e B che descrive saccheggi avvenuti nelle tombe di Seti I, Ramses II e Ramses IV, si possono leggere le testimonianze della vedova e del figlio di uno degli accusati, nel frattempo deceduto. La consorte riferisce di come il marito avesse sottratto solo un po' di rame, che avevano subito venduto per potersi sfamare. Un altro ladro fornisce la lista del bottino dalla tomba di Ramses VI: erano stati sottratti calderoni e vasi in bronzo, vesti e tessuti di buona fattura. Dopo che il bottino era stato pesato, venne suddiviso fra cinque complici.

La situazione andò via via peggiorando al punto che all'inizio della Ventunesima Dinastia non era più possibile difendere e proteggere la valle. Si decise allora di recuperare tutte le mummie dei faraoni, restaurarle, porle all'interno di nuovi sarcofagi nel caso in cui quelli originali fossero stati danneggiati o distrutti e procedere a una nuova sepoltura in un luogo ancora più inaccessibile. Una squadra di scriba, sacerdoti e ufficiali fidati recuperarono tutte le mummie da proteggere e le spostarono in un posto sicuro, forse più di una volta. Alla fine, le riposero in una vecchia tomba, che chiusero con cura in attesa probabilmente di poterle recuperare in un secondo momento.

Questo momento non arrivò mai. La situazione di certo precipitò, forse i disordini aumentarono al punto che i sacerdoti a conoscenza del segreto non riuscirono mai più a tornare al nascondiglio. Quando morirono, non rimase nessuno a conoscenza del segreto. **E le mummie rimasero chiuse lì dentro per ben 28 secoli.**

Il ritrovamento delle mummie reali

Alla fine del 1800, improvvisamente, sul mercato delle antichità iniziarono a comparire papiri e oggetti regali che risvegliarono l'interesse degli egittologi. Si trattava di reperti nuovi, mai visti prima... da dove venivano?

Le indagini delle autorità portarono all'identificazione di due fratelli della famiglia Abd el-Rasul. Furono arrestati e interrogati a lungo e alla fine confessarono di aver scoperto l'antico nascondiglio segreto delle mummie reali, da cui piano piano avevano iniziato a rimuovere un oggetto dopo l'altro e a venderli di nascosto. Il 6 luglio del 1881, l'egittologo tedesco Émile Brugsch si fece condurre al nascondiglio: alla sinistra del tempio di Deir el-Bahari, un pozzo nascosto a ridosso della montagna conduceva a un corridoio sotterraneo. In fondo al corridoio, accatastate in una stanzetta, vi erano circa 40 mummie, fra le quali quelle di alcuni dei faraoni più famosi, come Amenhotep I, Tuthmosi I, II, III, Seti I, Ramses I, II, III e IX. In un'altra stanza, sempre in fondo al corridoio, si trovarono le mummie del faraone Pinudjem II e di sua moglie, insieme a quelle di Djedptahiufankh e sua moglie, i proprietari originari della tomba.

Erano trascorsi quasi 3000 anni da quando il silenzio più assoluto era sceso in quelle camere.

Nel 1898 l'egittologo francese Victor Loret scoprì un secondo gruppo di mummie all'interno della tomba di Amenhotep II: quelle di Amenhotep III, Thutmosi IV, Seti II, Merneptah, Siptah, Ramses IV, V e VI e una figura femminile. In una camera secondaria rinvenne tre corpi, fra i quali quello di una donna di una certa età, identificata come la regina Tiy. Di grande importanza è anche la tomba KV55, dove fu ritrovato il corpo che potrebbe appartenere ad Akhenaten.

IL RIPOSO DEI FARAONI OGGI

Per problemi di sicurezza le mummie rinvenute da Brugsch nel 1881 furono trasferite in fretta al Cairo. L'esposizione delle spoglie mortali dei faraoni fu oggetto di dibattito e di scelte diverse nel corso del secolo scorso.

Il re Fouad I (1917-1936) decise di sottrarle alla vista dei visitatori e lo stesso fece il presidente Sadat (1971-1980) che riconosceva e sottolineava il legame fra l'Egitto contemporaneo e quello antico, ma riteneva più appropriato concedere "la pace dovuta" alle mummie e arrivò a porre anche la questione della loro ri-sepoltura. La sala espositiva del museo del Cairo rimase quindi chiusa fino al 1982.

Nel 2021, nel corso di una solenne processione, i resti mortali dei faraoni sono stati accompagnati nella nuova sede espositiva del NMEC, National Museum of Egyptian Civilization.

Nonostante gli sforzi degli antichi ufficiali e sacerdoti e quelli degli egittologi moderni, un certo numero di mummie reali manca ancora all'appello. Una è quella di Nefertiti, la moglie di Akhenaten, di cui non si conosce neanche precisamente il luogo di sepoltura. In molti l'hanno cercata, ma finora senza successo.

Mancava all'appello anche un faraone minore, meno famoso di Tuthmosi III o Ramses II, che secondo le fonti antiche aveva regnato al massimo una decina d'anni. Mancava la tomba, mancava il corpo, mancavano notizie e indizi che potessero aiutare a trovarlo. **Avrai già capito di chi stiamo parlando: sì, proprio di lui, di Tutankhamun.**

VALLE DEI RE, 1922 D.C. LA SCOPERTA DELLA TOMBA DI TUTANKHAMUN

Il giovane Carter

Tutti conoscono il nome dello scopritore della tomba di Tutankhamun: Howard Carter. Non tutti sanno, però, che **non aveva iniziato la sua carriera come archeologo, bensì come disegnatore**.

Howard Carter era nato il 9 maggio del 1874 a Kensington, una zona di Londra, in una strada che oggi non esiste più. Era figlio di Samuel John Carter, un artista specializzato in paesaggi che aveva insegnato a tutti i suoi sette figli a disegnare e dipingere. Il giovane Howard dimostrò fin da subito una grande bravura nel disegno e nella pittura ad acquarello.

Una delle sue prime esperienze lavorative fu disegnare la collezione di reperti egizi di William Amhurst

Tyssen-Amherst, un ricco proprietario terriero nel Norfolk.

Dal Norfolk alla Valle dei Re, però, la strada era lunga per un ragazzo poco più grande di te. Carter aveva frequentato una scuola privata, ma non completò mai un corso di studi che gli fornisse un titolo accademico. Questa mancanza gli sarebbe pesata per tutta la vita, nonostante i suoi grandi successi e le grandi innovazioni tecniche e di ricerca che avrebbe realizzato in campo archeologico.

A 17 anni, improvvisamente gli si presentò un'occasione unica: prendere parte alla spedizione organizzata dall'Egypt Exploration Fund, un'importante istituzione britannica dedicata allo studio dell'antico Egitto, per documentare le scene e le iscrizioni delle tombe di Beni Hasan e di el-Bersha nel medio Egitto. Nel 1891 partì da Londra completamente da solo, attraversò la Manica, arrivò in Italia, dove prese la nave che finalmente lo portò ad Alessandria d'Egitto, nella terra bagnata dalle acque del Nilo. Era la prima volta in vita sua che si allontanava da casa.

I primi passi in Egitto

Uno dei suoi primi incarichi fu di raggiungere il famoso archeologo britannico Flinders Petrie ad Amarna/Akhetaten.

Amarna era già stata identificata come la città fondata dal re Akhenaten quando Carter andò a lavorarci nel 1892. Flinders Petrie stava portando alla luce parti importanti dei templi e della città antica, utilizzando tecniche di scavo e di classificazione delle informazioni molto moderne per l'epoca. Fino ad allora, infatti, gli archeologi lavoravano nel modo di cui ti parlavo all'inizio del libro: cercavano reperti semplicemente scavando buchi profondi, senza preoccuparsi di quello che avevano intorno e che distruggevano con lo scavo. Come se non bastasse, pensa che fra tutti gli oggetti ritrovati tenevano soltanto quelli più belli e quelli interi, e gettavano via il resto. **Flinders Petrie fu tra i primi ad adottare una tecnica di scavo più precisa e attenta.** In particolare, capì che ricostruendo l'ordine in cui si erano succedute le diverse forme dei vasi in terracotta – che era l'ordine con cui venivano estratti, dal più recente negli strati più alti del terreno al più antico negli strati più bassi – era possibile ricreare la cronologia dei vari periodi storici. Così, iniziò a organizzare una sequenza di forme che è alla base della moderna cronologia dello studio dell'antico Egitto.

Ma, soprattutto, vedendolo lavorare, Carter imparò il metodo che ci permette ancora oggi di esplorare e studiare la tomba di Tutankhamun come se anche noi fossimo stati presenti alla più grande scoperta del Ventesimo Secolo.

Sulle orme di Tutankhamun

Il giovane Carter trascorse ad Amarna quattro mesi molto formativi. Flinders Petrie era molto severo e metodico nel lavoro, e forse non gli risultò molto simpatico. Nonostante questo, Howard osservò, ascoltò e imparò molto da questo archeologo già affermato. Non dimenticò mai quei mesi trascorsi nell'antica città di Akhetaten.

Senza saperlo, quel ragazzo che stava muovendo i primi passi nel mondo dell'archeologia aveva camminato lungo le stesse vie in cui Tutankhamun aveva vissuto.

LA CLASSIFICAZIONE DI PETRIE

Petrie fu anche il primo a classificare le **STELE DI CONFINE** che Akhenaten aveva fatto incidere lungo la scarpata che circondava la piana su cui sorgeva la sua città.

Le classificò con le lettere dell'alfabeto, lasciando, però, dei buchi nella sequenza, da riempire nel caso in cui ne fossero state scoperte altre (come, poi, infatti è successo).

Chiamò A, B, F le stele lungo la scarpata che chiude la piana a occidente e J, K, L, M, N, P, Q, R, S, U e V quelle sul lato orientale. La stele X fu aggiunta alla lista nel 1901. Tracce di un'altra stele sono state rinvenute nel 2006, ed etichettate con la lettera H.

Questo dettaglio conferma il valore del carattere metodico delle esplorazioni di Petrie, conscio del fatto che il lavoro fosse solo agli inizi e occorresse utilizzare strumenti di classificazione flessibili, in grado di adattarsi al progredire delle scoperte archeologiche.

Molti anni dovevano ancora passare, però, prima che le strade di Tutankhamun e Carter potessero incrociarsi di nuovo.

Dopo quell'esperienza con Petrie, Carter lavorò per sei anni come illustratore negli scavi più importanti dell'epoca, tra cui quello del tempio della regina Hatshepsut a Deir el-Bahari, condotto dall'egittologo svizzero Édouard Naville. Fu proprio Naville a raccomandare Carter a Gaston Maspero, Direttore Generale del **SERVICE DES ANTIQUITÉS** (Servizio delle Antichità), e nel 1899 Carter fu nominato **ISPETTORE CAPO DELLE ANTICHITÀ** dell'**ALTO EGITTO**. Un bel risultato per un ragazzo che aveva iniziato la carriera come disegnatore!

Gli archeologi britannici, però, non la pensavano così e vedevano solo un uomo ancora molto giovane (Carter aveva 25 anni), con un carattere difficile e senza un titolo di studio, arrivato in Egitto solo per disegnare. Il fatto non ci deve stupire: Carter aveva davvero un carattere difficile, non frequentava molto gli egittologi e preferiva la compagnia di artisti e visitatori stranieri. Ed è anche vero che non aveva studiato per diventare un egittologo, ma aveva accumulato molta esperienza sul campo e imparava in fretta.

IL SISTEMA DELLE CONCESSIONI

Tra la fine dell'Ottocento e l'inizio del Novecento, in tutto il Medio Oriente gli scavi archeologici effettuati da missioni straniere seguivano la regola del *partage*, parola francese adottata anche dagli inglesi che indicava una suddivisione dei reperti tra il paese in cui venivano effettuati gli scavi e quello da cui provenivano gli archeologi, che finanziava tutte le operazioni.

Negli anni Venti del Novecento la situazione in Egitto cambiò. Principale protagonista di questo cambiamento fu Pierre Lacau, egittologo francese che fu Direttore Generale del Service des Antiquités dal 1914 al 1936. Sotto la sua direzione il sistema del *partage* venne limitato e poi abolito e vennero gettate le basi del moderno sistema di collaborazione tra missioni archeologiche straniere e paese ospitante.

Al giorno d'oggi, nessun reperto rinvenuto durante uno scavo archeologico può essere trasportato fuori dall'Egitto.

Come difendere i tesori?

Nel 1898 Carter fu inviato a Tebe dove, dopo decenni di inattività, si era ripreso a lavorare nella Valle dei Re sotto la direzione di Victor Loret, lo scopritore della tomba di Amenhotep II. Ti ricordi? Era cominciato tutto con i furti dei due fratelli Abd el-Rasul nelle tombe dimenticate dei faraoni. Uno dei primi compiti ufficiali di Carter fu proprio quello di sovraintendere, nel gennaio 1900, alla rimozione delle mummie e di organizzare il loro trasporto al Cairo. Solo la mummia di Amenhotep II fu lasciata nella valle all'interno del proprio sarcofago.

L'Egitto dell'epoca era una terra ancora piena di misteri, e capitava di compiere grandi scoperte anche solo per caso. Per esempio, un paio di anni prima dell'arrivo di Carter, un cavallo era inciampato in un buco del terreno. A Carter fu affidato il compito di indagare che cosa avesse causato quella specie di avvallamento. Ripulendo la zona dalla sabbia, l'archeologo scoprì l'ingresso di una tomba contenente la statua di un faraone del Medio Regno. Questa tomba è ancora conosciuta con il soprannome che si guadagnò all'epoca: "Bab el-Hosan" che significa "porta del cavallo".

Difendere tutti i reperti e i siti archeologici che venivano scoperti uno dopo l'altro non era affatto semplice. Nel 1901 una banda di ladri si introdusse nella tomba di Amenhotep II. La mummia del faraone, adagiata all'interno del suo sarcofago, venne aperta alla ricerca di gioielli. Sebbene vi fossero fondati sospetti che gli autori di questo grave atto appartenessero a una ben nota famiglia di Tebe Ovest, nessuno fu incriminato. Carter non era a Tebe e non aveva alcuna colpa rispetto all'accaduto, ma **il racconto di questo episodio ti fa capire quanto fosse difficile tenere tutto e tutti sotto controllo**...

Durante questo primo periodo in cui Carter lavorò nella Valle dei Re, sistemò i percorsi che si inerpicavano sulla montagna e conducevano alle tombe, fece chiudere i loro ingressi con cancelli di metallo e ci portò l'elettricità, tutte attività che gli permisero di conoscere a fondo la valle e di capire in quale zona avrebbe potuto scavare negli anni a venire. Gli scavi archeologici, però, costavano molto e serviva trovare qualcuno che li finanziasse. Occorreva, infatti, non solo alloggiare per molti mesi all'anno (di solito quelli dall'autunno alla primavera, quando non faceva troppo caldo) nei pressi dello scavo, ma anche pagare le squadre di operai, le operazioni di restauro, il trasporto degli oggetti e magari affrontare spese impreviste dovute a problemi improvvisi. Gli scavi erano principalmente finanziati da musei o ricchi collezionisti che aspiravano, secondo la legge dell'epoca, ad acquisire oggetti per le loro collezioni.

Su incoraggiamento di Maspero, Carter riuscì a persuadere il ricco uomo di affari americano Theodore Davis a finanziare nuovi scavi nella Valle dei Re, e nel 1902 iniziò a scavare. Continuò a lavorare per lui fino al 1904 quando lasciò Luxor per il Cairo. La stagione migliore fu quella del 1903, quando **Carter trovò la tomba che era stata preparata per il sovrano Tuthmosi IV**. Anche questa, come tutte le altre fino a quel momento, era stata depredata a poca distanza di tempo dalla deposizione del defunto, ma le pareti mostravano ancora una meravigliosa decorazione a rilievo e fu rinvenuta una serie di oggetti, tra cui i resti del carro del faraone, messi in mostra al Cairo al National Museum of Egyptian Civilization nel 2021.

Starai pensando che la scoperta della tomba di Tutankhamun ormai era vicina… E invece no: nel 1904, a sorpresa Carter venne allontanato dalla Valle dei Re e spedito a lavorare nel **BASSO EGITTO**. Obbedì, ma non fu contento di lasciare Tebe dopo averci trascorso diversi anni. Aveva compiuto 30 anni e aveva accumulato molta esperienza, era rispettato come ispettore delle antichità, ma la sua nuova destinazione non gli portò fortuna.

Lo spiacevole episodio della tomba senza luce

Nel gennaio 1905, infatti, si ritrovò coinvolto in un brutto episodio: un gruppo di 14 turisti francesi in visita a Saqqara, si rifiutò di pagare il biglietto per visitare il Serapeum, il luogo di sepoltura del toro sacro, e cominciò a insultare gli ispettori locali e le guardie che custodivano il sito archeologico. Alla fine, dopo una lunga e accesa lite, 11 turisti pagarono il biglietto, ma anche i tre che non lo avevano pagato entrarono a forza nella sepoltura. Il Serapeum è una grotta buia e profonda, e quando i turisti scoprirono che non c'erano candele a disposizione per la visita, uscirono e chiesero di essere risarciti.

Carter rifiutò e ordinò in inglese agli ispettori e alle guardie di allontanare i francesi. La situazione sfociò in un litigio generale, con lanci di pietre che colpirono e ferirono i turisti, che scapparono e denunciarono l'accaduto. Carter mandò un telegramma al Conte Cromer, il Console generale britannico, informandolo di quanto era successo e del comportamento irrispettoso dei francesi nei confronti degli ispettori e dei custodi. Sapeva benissimo che se non avesse presentato delle scuse sarebbe finito nei guai, ma convinto di aver ragione rimase fermo sulle sue posizioni.

La faccenda finì su tutti i giornali. La verità è che inglesi e francesi non si sopportavano molto: i francesi mal tolleravano che l'Egitto fosse di fatto controllato dai britannici, mentre ai britannici dava fastidio che in tanti in Egitto parlassero francese e accusavano i francesi di sentirsi superiori. Tensioni del genere non erano rare, ma non sempre avevano tutto questo risalto. Carter si rifiutò di presentare le sue scuse e, per punizione, venne trasferito a Tanta, un sito archeologico situato nel Delta del Nilo e considerato molto meno importante.

A quel punto, rassegnò le dimissioni. La sua carriera come egittologo sembrava finita, e anche la fortuna sembrava avergli voltato le spalle. Da quell'autunno del 1905 e per i tre anni successivi, Carter visse vendendo i suoi acquerelli ai turisti americani ed europei, molti dei quali erano ricchi e felici di poter avere lui come guida nei siti archeologici.

Tornato a Tebe, riuscì a sopravvivere grazie all'aiuto di coloro per i quali aveva lavorato in passato. Tra cui c'era anche Theodore Davis, il finanziatore della scoperta più importante fatta fino ad allora nella Valle dei Re e compiuta solo un paio di mesi dopo che Carter se ne era andato. Si trattava della tomba di Yuya e Thuya, i genitori della regina Tiy, moglie di Amenhotep III. La tomba con i sarcofagi e il corredo funebre era la più intatta mai ritrovata nella valle. Se solo Carter non fosse stato trasferito nel Basso Egitto quella avrebbe potuto essere la sua scoperta. Il merito andò, invece, all'egittologo britannico James Edward Quibell, che aveva preso il suo posto, e Carter dovette accontentarsi di realizzare gli acquerelli di alcuni degli oggetti più spettacolari che Davis e Quibell avevano ritrovato.

Gaston Maspero era molto deluso e addolorato dalle

dimissioni di Carter e aveva davvero cercato di persuaderlo a rimanere. E quando un ricchissimo conte inglese, Lord Carnarvon, andò da lui nel 1908 e gli chiese di trovare un uomo colto ed erudito per aiutarlo negli scavi, il Direttore Generale del Service pensò che fosse proprio un'ottima opportunità per Carter.

Quella che sembrava la fine della sua carriera come archeologo era diventata l'inizio di un'altra storia completamente diversa.

L'ultima possibilità

Nel 1917 Howard Carter iniziò a scavare nella Valle dei Re per conto di Lord Carnarvon, alla ricerca dell'ultima tomba che mancava all'appello: quella di Tutankhamun. Howard aveva 43 anni, tanta esperienza e tanto entusiasmo.

Ma nell'estate del 1922, dopo cinque anni di scavi, Carter non aveva ancora trovato traccia di quel che stava cercando. Lord Carnarvon lo convocò a Highclere Castle, in Inghilterra (la grande casa nella campagna inglese dove è stata girata la serie televisiva *Downton Abbey*, hai presente?), e gli chiese di trovare una nuova concessione in un luogo che potesse essere più promettente. Era venuto il momento di smettere di inseguire quello che ormai era diventato più un sogno che una ricerca archeologica. Carter, però, non voleva rinunciare, e si offrì di pagare lui stesso un'ultima stagione di scavo per finire di indagare l'unica area rimasta inesplorata, quella al di sotto della tomba di Ramses VI. Carnarvon, impressionato dalla sua determinazione, gli concesse un'ultima opportunità e si fece carico di tutte le spese della spedizione.

Carter rientrò in Egitto. Bisognava cominciare a lavorare prima dell'arrivo dei turisti, che avrebbe reso tutto più complicato. Quindi, l'archeologo iniziò subito i preparativi e gli scavi cominciarono il 1° novembre. In tre giorni furono rimossi i resti delle baracche degli antichi operai che avevano lavorato alla tomba di Ramses VI. Al di sotto, Carter trovò un gradino tagliato nella roccia.

Poi un altro. E un altro ancora... In pochi giorni gli operai di Carter liberarono dalla sabbia 12 gradini di una scala che scendeva fino a una porta murata, della quale riportarono alla luce solo la parte superiore. Sulla superficie si vedeva lo stampo di vari sigilli ovali in cui si poteva chiaramente distinguere uno sciacallo che sovrastava nove prigionieri con le mani legate dietro la schiena. **Era il sigillo della necropoli. Si trattava dunque di una tomba reale?** La prima speranza di Carter, come immaginerai, fu che si trattasse della tomba che stava cercando da cinque anni, ma a parte il sigillo non c'era alcun nome sulla porta che potesse confermarlo. Bisognava andare più a fondo. Carter aprì un piccolo pertugio. Oltre la porta c'era un corridoio ricolmo di detriti, alla fine del quale c'era un altro muro. Lì dietro – l'archeologo ne era sicuro – doveva esserci qualcos'altro.

Carter si fermò, si allontanò dal piccolo foro in cui aveva sbirciato e gli fu tutto chiaro: era davanti a una tomba intatta, ancora sigillata. Non sapeva ancora a chi appartenesse, ma non poteva e non voleva procedere senza Lord Carnarvon, che meritava di condividere la scoperta con lui. Decise dunque di ricoprire tutto e di risotterrare la scala. Mise due squadre di guardiani a controllare la zona e a tenersi d'occhio l'un l'altro: in questo modo nessuno avrebbe potuto avvicinarsi all'ingresso della tomba. Carter era troppo esperto per non sapere il rischio che correva la sua scoperta. Pensa che beffa se un ladro fosse riuscito ad aprire la tomba prima di lui.

Il giorno dopo, il 6 novembre, Howard Carter mandò un telegramma a Lord Carnarvon:

AT LAST HAVE MADE WONDERFUL DISCOVERY
IN THE VALLEY. A MAGNIFICENT TOMB WITH SEALS
INTACT. RECOVERED SAME FOR YOUR ARRIVAL.
CONGRATULATIONS. CARTER.

(FINALMENTE FATTA SPLENDIDA SCOPERTA
NELLA VALLE. STRAORDINARIA TOMBA CON SIGILLI
INTATTI. RICOPERTA IN ATTESA VOSTRO ARRIVO.
CONGRATULAZIONI. CARTER.)

Riesci a immaginare la gioia e l'eccitazione di Lord Carnarvon? In pochissimi giorni organizzò la partenza e il 23 novembre arrivò con la figlia Evelyn Herbert alla stazione di Luxor. Il giorno successivo, i lavori ricominciarono.

A lume di candela

La scala fu rapidamente liberata dalle macerie, ma questa volta fino in fondo, e la porta venne portata tutta quanta alla luce. **E lì, alla base della porta, sai cosa trovarono? Un nome. Il nome di Tutankhamun.**

L'entusiasmo salì alle stelle. Avevano trovato la tomba dell'ultimo faraone che mancava all'appello. Ma come si era accesa, la fiamma dell'entusiasmo subito barcollò: in alto, sul lato sinistro, si vedeva chiaramente che l'intonaco era stato riparato, qualcuno aveva richiuso un buco. Era la prova che qualcun altro in passato aveva già provato a entrare in quella tomba. E forse ci era riuscito e l'aveva svuotata di tutti i suoi tesori. Purtroppo, andando avanti con gli scavi, Carter continuò a trovare ulteriori indizi del passaggio dei ladri: nel corridoio qualcuno aveva scavato un tunnel in mezzo ai detriti per raggiungere la parte più interna della tomba, e qualcun altro l'aveva riempito di nuovo.

Alle quattro del pomeriggio del 26 novembre la squadra finì di svuotare il corridoio, e Carter e i suoi operai si trovarono davanti a una seconda porta murata, intonacata e ricoperta dai sigilli ovali della necropoli. Anche qui nell'angolo superiore sinistro si notava una riparazione effettuata in tempi antichi, un ennesimo segno preoccupante del passaggio di ladri.

Carter non poteva più restare nel dubbio, aveva bisogno di capire se i ladri erano entrati oppure no. Perciò decise di aprire un piccolo buco anche in questa porta. Si fece passare gli attrezzi, lavorò con attenzione per qualche minuto sgretolando l'intonaco e una porzione di parete. Quando il buco fu abbastanza grande, accese una candela e la infilò nel piccolo spazio buio. La fiamma tremò per un po', finché l'aria calda che era rimasta chiusa in quella stanza per 3000 anni cessò di uscire. Carter poté finalmente guardare all'interno.

«Che cosa vedete?» gli domandò Lord Carnarvon, ansioso.

Carter rispose: «Vedo cose meravigliose».

Lord Carnarvon e Lady Evelyn a turno guardarono attraverso l'apertura: c'erano grandi quantità di oggetti ammassati tutto intorno e, sul fondo della stanza, due statue nere che stavano di sentinella a un'altra porta murata.

Dopo aver osservato tutto con attenzione, Carter richiuse il foro, bloccò il passaggio discendente, lasciò lì le guardie e tornò nella casa dove alloggiava con Carnarvon e la figlia. Bisognava avvertire le autorità egiziane della grande scoperta e attendere l'arrivo di molte persone importanti prima di poter procedere con lo scavo e il recupero del tesoro.

Una notte insonne

Di' la verità, tu saresti riuscito a dormire, quella notte? Penso proprio di no, e saresti stato in buona compagnia, perché né Carter né Lord Carnarvon né Lady Evelyn riuscirono a chiudere occhio. Sapevano di dover aspettare, eppure la curiosità era troppa. E forse decisero di cedere alla tentazione: pare infatti che, nottetempo, tornarono di nascosto alla tomba e, seguendo il percorso degli antichi ladri, entrarono fino al cuore della sepoltura. Lì videro, per primi dopo 3000 anni, le cappelle dorate che circondavano il sarcofago in quarzite e probabilmente si avventurarono anche nella stanza ribattezzata poi "Tesoro". All'uscita, nascosero il piccolo passaggio che avevano allargato con un grosso cesto di vimini e tornarono a casa, dove immaginiamo che, felicissimi, riuscirono a dormire per qualche ora.

Abbiamo varie conferme indirette che questa visita notturna alla tomba sia effettivamente avvenuta. La storia del cesto di vimini usato per nascondere il buco venne riportata da Alfred Lucas, chimico, grande esperto dei materiali e della tecnologia antica, che lavorò fianco a fianco con Carter alla documentazione della tomba e conservazione degli oggetti. Anche Mervyn Herbert, fratellastro di Carnarvon, fa riferimento a questo episodio. Ma l'indizio più evidente è contenuto in una lettera di Lady Herbert a Carter del 26 dicembre 1922 in cui racconta che il padre, ammalato, reagisce con eccitazione quando lei gli ricorda il loro ingresso nella camera sepolcrale. L'apertura ufficiale di quest'ultima, tuttavia, avverrà solo quasi due mesi dopo, il 16 febbraio 1923. Quindi, la lettera di dicembre involontariamente ci svela il segreto di quella visita notturna.

Al lavoro! La formazione della squadra

Carter non aveva mai cercato la celebrità, e la pubblicità e l'interesse che tutto il mondo dimostrò subito per Tutankhamun lo trovarono impreparato. Non si aspettava le orde di turisti che si precipitarono a Luxor, riempirono gli hotel e si assieparono fuori dalla tomba. Aveva bisogno di aiuto per gestire tutta questa confusione. Ma, soprattutto, aveva bisogno di aiuto per documentare questo eccezionale ritrovamento e per consolidare e preservare gli oggetti all'interno della tomba. **Serviva la collaborazione di molti specialisti, perché gli oggetti erano tantissimi e realizzati con materiali diversi**, perciò andavano studiati uno per uno a seconda delle loro caratteristiche.

Il primo problema era assicurarsi che nessun malintenzionato avesse accesso alla tomba. Poi, era necessario trovare un modo per registrare in maniera ordinata non solo tutti gli oggetti, ma anche la loro posizione precisa prima di rimuoverli. E, ancora, bisognava capire a cosa servissero gli oggetti stessi, leggere i testi che decoravano le pareti, fotografare e disegnare tutto nei minimi dettagli... un'operazione gigantesca.

Tutte le più importanti missioni archeologiche che lavoravano in Egitto in quel momento aiutarono Carter in qualche modo. Innanzitutto, Carter ricevette "in prestito" due esperti che divennero due pilastri fondamentali dello studio della tomba: Alfred Lucas dal Servizio delle Antichità e Arthur C. Mace dal Metropolitan Museum di New York. Lucas, chimico di formazione, lavorò per ben nove stagioni di scavo a classificare gli oggetti, e a studiare sul posto le migliori tecniche di conservazione per preservarli. Mace, invece, egittologo dotato di uno spiccato senso pratico, fu di grande aiuto nella risoluzione di tutti i problemi che si presentavano quotidianamente nella gestione degli oggetti, soprattutto di quelli più fragili che andavano maneggiati con estrema cura.

Poi, ci furono i grandi esperti di geroglifici James Henry Breasted e Alan Gardiner che aiutarono Carter a leggere le iscrizioni. Il direttore della spedizione americana Herbert Winlock mandò un architetto e un disegnatore per aiutare nella rimozione e nella documentazione dei reperti. Anche l'egittologo britannico Percy Newberry, che aveva seguito Carter nelle prime fasi della sua carriera, fu coinvolto saltuariamente per l'identificazione dei resti botanici. Un aiuto preziosissimo venne dal Metropolitan Museum of Art: il curatore del Dipartimento di antichità egizie del museo, Albert Lythgoe, offrì l'assistenza di tutti i membri della sua missione.

In particolare, il loro fotografo Harry Burton svolse un ruolo chiave: documentò con foto straordinarie la disposizione di tutti gli oggetti nella tomba e poi li fotografò di nuovo uno a uno una volta rimossi. Le sue foto, quasi 2000, conservate presso il Griffith Institute di Oxford, costituiscono una fonte preziosissima e fondamentale per ricostruire le varie fasi della scoperta, la posizione originaria dei manufatti al momento del rinvenimento e il loro stato di conservazione.

Per consentire a tutti questi professionisti di studiare gli oggetti della tomba appena scoperta, furono messe a loro disposizione altre tombe. Un laboratorio di restauro fu installato in quella di Seti II, a circa 300 metri di distanza, mentre la Tomba 55, quella al cui interno era stato ritrovato il cosiddetto sarcofago di Akhenaten, divenne il laboratorio fotografico di Burton.

Il Metropolitan Museum arrivò a privarsi di forze importanti rallentando i propri lavori a el-Lisht e presso le tombe della Undicesima Dinastia a Tebe per aiutare Carter. Erano certamente interessati a contribuire alla scoperta, ma forse puntavano anche ad altro: speravano infatti che, in segno di riconoscenza, Carnarvon avrebbe donato al museo alcuni degli oggetti rinvenuti nella tomba. All'epoca, infatti, come abbiamo visto, le missioni archeologiche straniere avevano il diritto di portarne con sé una selezione.

Pur con tutto il supporto e l'aiuto ricevuto, la documentazione della tomba, la registrazione e la conservazione dei reperti risultarono compiti davvero impegnativi. Sebbene la sepoltura fosse piccola, le quattro stanze erano piene fino al soffitto di oggetti accatastati uno sull'altro. Gli spazi erano molto angusti, ed era difficile muoversi all'interno. **Alla fine dei lavori, nel 1932, dunque 10 anni dopo la scoperta, si arrivò a contare ben 5398 oggetti recuperati.**

PIANTINA DELLA TOMBA
DI TUTANKHAMUN,
nota anhe come KV62.
Valle dei Re, Luxor.

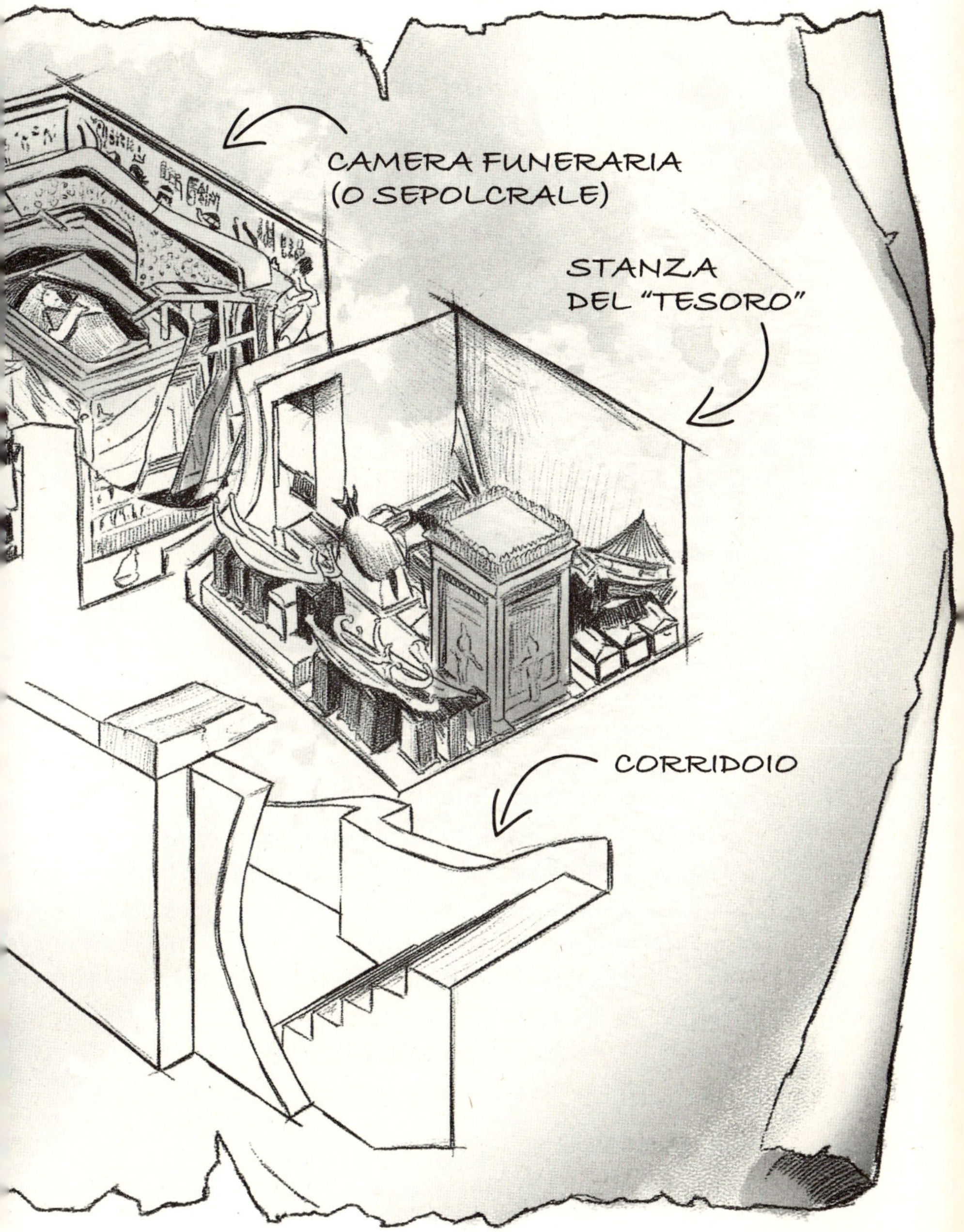
CAMERA FUNERARIA
(O SEPOLCRALE)
STANZA
DEL "TESORO"
CORRIDOIO

LA SQUADRA DI CARTER

Arthur C. Mace (1874-1928), allievo nonché lontano parente di Petrie, curatore presso il Metropolitan Museum.

Alfred Lucas (1867-1945), chimico esperto di materiali.

Harry Burton (1879-1940), fotografo del Metropolitan Museum.

Arthur R. Callender (1875-1936), architetto e ingegnere, ex-funzionario delle ferrovie egiziane.

Percy E. Newberry (1869-1949), professore di egittologia, esperto di resti botanici. Sua moglie Essie (1878-1953), mai citata ufficialmente come membro della squadra, svolse un ruolo fondamentale nel salvataggio di una gran quantità di frammenti di tessuto rinvenuti nella tomba.

Alan H. Gardiner (1879-1963), famoso filologo e autore del libro di grammatica antico egizia su cui si sono formate generazioni di egittologi.

James H. Breasted (1865-1935), fondatore e

primo direttore dell'Oriental Institute di Chicago, storico esperto, studiò in particolare i numerosi sigilli rinvenuti nella tomba.

Walter Hauser (1893-1959), architetto e disegnatore, non si trovò bene a lavorare con Carter e lasciò la squadra dopo poco tempo.

Lindsay F. Hall (1883-1969), disegnatore del Metropolitan Museum. Anche lui ebbe problemi con Carter e non fece parte della squadra a lungo.

Richard Adamson (1901-1982), ex-soldato dell'esercito britannico. Mai menzionato ufficialmente come membro della squadra, fece da guardia alla tomba di Tutankhamun per sette anni, a volte dormendo nella tomba stessa.

Tutti a caccia di uno scoop

Mentre Carter e la sua squadra svolgevano questo incessante ed enorme lavoro, quello che tutti gli altri volevano era cogliere anche una sola immagine di un oggetto nel momento in cui veniva portato fuori dalla tomba. E come dar loro torto? Pensa che emozione poter vedere per primi un pezzo di quel magnifico tesoro che era rimasto nascosto per millenni agli occhi di tutti. Era una di quelle esperienze da raccontare per il resto della vita. Il problema, però, era che tutta questa curiosità rallentava le operazioni di scavo e lo studio dei reperti.

Pensando di semplificare la vita a Carter, Lord Carnarvon firmò un accordo esclusivo con *The Times* di Londra, in base al quale il giornale avrebbe inviato un unico giornalista, Arthur Merton, a seguire le operazioni. Purtroppo, però, il risultato fu proprio l'opposto di quello desiderato. La stampa egiziana si sentì estromessa e offesa perché non aveva la possibilità di documentare la scoperta delle proprie antichità e questo rinforzò le voci critiche di molti egiziani che non volevano lasciar gestire da stranieri il loro patrimonio culturale.

La situazione peggiorò ulteriormente a causa di Arthur Weigall, un ex collega con cui Carter non sempre aveva avuto buoni rapporti. Weigall aveva lasciato il suo lavoro di Ispettore delle Antichità nel 1914, ed era tornato in

Egitto come giornalista. Era un esperto di scavi archeologici, aveva lavorato nella Tomba 55, aveva scritto una biografia di Akhenaten e si aspettava di essere accolto da Carter con un certo riguardo. Fu invece tenuto lontano dalla tomba perché lavorava per il *Daily Mail*, il giornale concorrente di *The Times*: non la prese bene e questa circostanza contribuì ad aumentare le tensioni intorno al lavoro, già complesso e delicato, di studio della tomba.

Nonostante tutto, il 16 febbraio 1923 fu aperta ufficialmente la camera sepolcrale. Dieci giorni dopo si concluse la prima stagione di scavi, con grande sollievo di tutta la squadra, che aveva davvero bisogno di riposo e di allontanarsi dalla quotidiana pressione a cui era sottoposta.

Ma proprio nel momento in cui occorreva prendere fiato e organizzarsi per la stagione successiva, il destino cambiò di nuovo le carte in tavola.

Un addio inaspettato

A metà marzo 1923, a Luxor, Lord Carnarvon fu punto da una zanzara su una guancia.

La puntura in sé non sarebbe stata un problema, ma Lord Carnarvon si tagliò proprio in quel punto facendosi la barba, e la ferita si infettò. Forse perché non era in buona salute, forse perché all'epoca non c'erano gli antibiotici, forse perché fu semplicemente molto sfortunato, il fatto è che l'infezione gli causò una **SETTICEMIA** e poi una polmonite.

Lord Carnarvon morì al Cairo il 5 aprile 1923.

Non appena si diffuse la notizia, si iniziò a mormorare che il faraone gli avesse lanciato una maledizione perché la sua tomba era stata profanata. Questa credenza non aveva alcun fondamento, era solo una superstizione.

Per dimostrarlo, da quel momento l'egittologo statunitense Herbert Winlock tenne traccia della morte di chiunque fosse legato in qualche modo alla scoperta, dimostrando ogni volta l'inesistenza della cosiddetta maledizione. Delle 26 persone presenti al momento dell'apertura della tomba, solo sei morirono nei dieci anni successivi. Leggendo il suo rapporto *Vittime della maledizione, secondo le notizie giornalistiche*, si potrebbe dedurre esattamente il contrario: aver lavorato alla tomba prolungò la vita di chi era stato presente. Persino il

British Medical Journal nel 2002 ha pubblicato uno studio statistico sull'argomento, non trovando alcuna correlazione fra la presenza nella tomba durante le operazioni di scavo, documentazione e studio, e un aumento della mortalità.

Non ti ho ancora convinto? Allora, aggiungo un'altra prova del fatto che non esiste alcuna maledizione: proprio lo scopritore della tomba, Howard Carter, visse per altri 16 anni dopo la scoperta e la vedova di Carnarvon, che continuò a finanziare le campagne di scavo, morì 47 anni dopo, alla veneranda età di 92 anni.

Nuova campagna, nuovi problemi

Dopo un ciclo di conferenze in Gran Bretagna, all'inizio dell'autunno del 1923 Carter tornò in Egitto per avviare una nuova stagione di studio e documentazione. Bisognava iniziare i lavori nella camera sepolcrale, interamente occupata da una serie di cappelle dorate a mano a mano sempre più piccole, montate una dentro l'altra. Al centro, nascosto da questa sequenza di gusci protettivi, doveva trovarsi il corpo del faraone. Ma smantellare quelle cappelle in quegli spazi così angusti non era un'operazione semplice, e richiese mesi di paziente lavoro. Pezzo dopo pezzo, le "scatole" esterne furono cautamente smontate e rimosse, fino a rivelare un grande sarcofago in pietra.

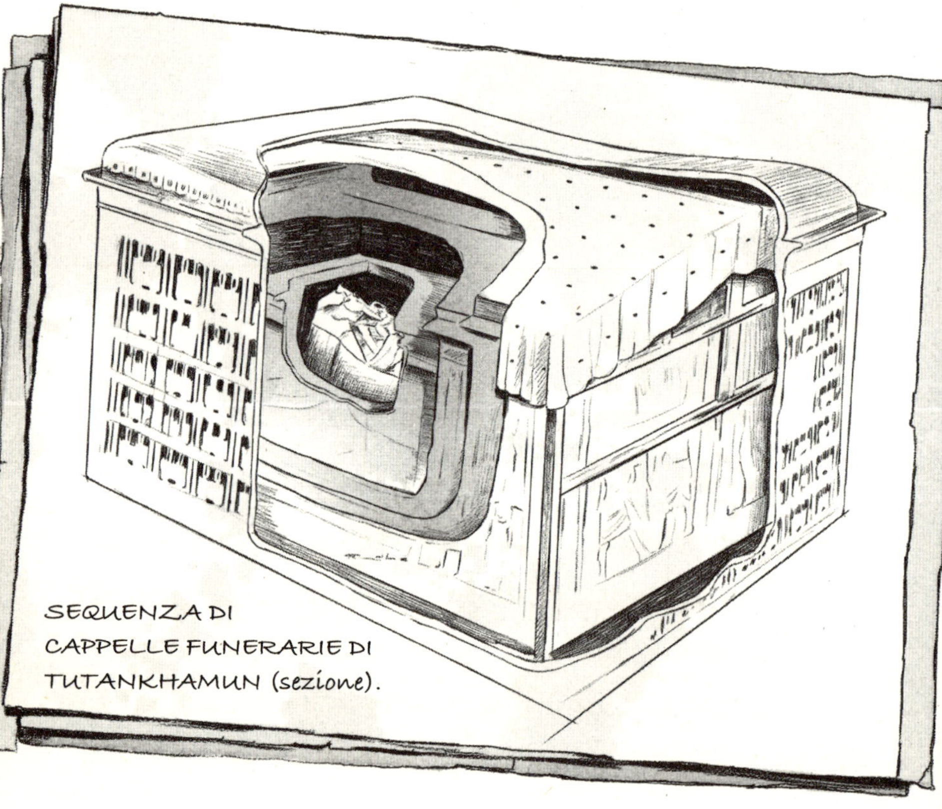

SEQUENZA DI CAPPELLE FUNERARIE DI TUTANKHAMUN (sezione).

Finalmente, il 12 febbraio 1924, alla presenza di molti ospiti illustri, venne sollevato il coperchio del sarcofago. Quello che doveva essere un momento importante si trasformò, però, nell'ennesimo problema.

Il Servizio delle Antichità voleva che fosse presente un ispettore egiziano e che l'accesso fosse impedito alle persone non autorizzate. Il governo insisteva, invece, perché il monumento fosse aperto a tutti i visitatori interessati. Carter cercava di tenere conto di tutte le richieste, ma sapeva anche che bisognava proteggere la tomba, gli oggetti e il lavoro di tanti specialisti.

E, come se non bastasse, doveva fare i conti con un problema più grande: non era stato ancora deciso il destino degli oggetti rinvenuti nella tomba. Carter aveva sperato di affrontare un argomento così delicato una volta terminati gli scavi e non durante.

Ti ricordi? Ho già accennato al fatto che, fino a poco tempo prima, i reperti rinvenuti nel corso di scavi archeologici di missioni straniere venivano divisi tra l'Egitto e il paese di provenienza della missione. Le autorità egiziane però avevano cambiato idea. Carter ricevette una lettera da Pierre Lacau, Direttore Generale delle Antichità, con la quale gli si comunicava che la tomba e tutti gli oggetti che conteneva erano di proprietà dell'Egitto. Non ci sarebbe stata la suddivisione che in molti si erano augurati.

La tensione salì ulteriormente perché alcuni egittologi europei dichiararono che Tutankhamun costituiva una scoperta di una tale portata da appartenere non solo all'Egitto, ma al mondo intero. Il ministro egiziano dei Lavori pubblici, Morcos Hanna, da cui dipendeva il Servizio di Antichità, non fu però contento di leggere questa dichiarazione perché sembrava suggerire che il patrimonio culturale dell'Egitto dovesse essere gestito da stranieri.

In questo clima, Howard Carter si accingeva alla delicata operazione di apertura del sarcofago esterno in quarzite. Per il 13 febbraio aveva programmato una visita riservata alle mogli dei colleghi impegnati nelle operazioni di documentazione, ma il ministro Morcos Hanna, già molto irritato dalla situazione, vietò l'evento.

Carter a quel punto si innervosì e decise di sospendere ogni operazione di sgombero e di ricerca scientifica all'interno della tomba. L'archeologo inglese si aspettava di ricevere delle scuse, che non arrivarono. Anzi, il Primo Ministro egiziano incoraggiò i turisti a visitare la tomba, disturbando ulteriormente il delicato lavoro degli archeologi. Carter provò a tornare a lavoro, ma fu allontanato dai soldati. La situazione era ormai irrecuperabile: tre giorni dopo, Pierre Lacau andò alla tomba, sostituì tutti i lucchetti, abbassò il coperchio del sarcofago e scrisse una nota di rimprovero a Carter per aver lasciato la sepoltura in uno stato così precario.

Carter decise di rivolgersi a un tribunale, sperando di trovare un compromesso. In realtà la situazione, se possibile, peggiorò. Il primo avvocato (scelto da Carter anni prima) aveva addirittura chiesto la pena di morte proprio per Morcos Hanna. Ma non è finita. La situazione peggiorò ancora di più a causa della traduzione di una dichiarazione che finì col sembrare offensiva, anche se in realtà non lo era. Insomma, il processo fu molto complicato, ma alla fine i giudici diedero ragione a Carter.

Nel frattempo, Lacau si era reso conto che il Service des Antiquités non aveva le risorse economiche per continuare con lo scavo della tomba di Tutankhamun e cercò di contattare alcuni famosi egittologi per chiedere loro di assumere il ruolo di direttore della missione. Nessuno si dichiarò disponibile. Era quindi chiaro che Carter sarebbe dovuto tornare.

Di nuovo al lavoro, finalmente!

Nel 1924 Carter si imbarcò per gli Stati Uniti, dove tenne un ciclo di conferenze sulla sua scoperta e arrivò persino alla Casa Bianca a incontrare il Presidente Calvin Coolidge. Durante quel viaggio, ricevette anche un dottorato *honoris causa* dall'Università di Yale, l'unico riconoscimento accademico della sua vita.

Nel frattempo, in Egitto, il nuovo avvocato di Carter aveva raggiunto risultati importanti nelle negoziazioni e Lady Carnarvon, che aveva preso in mano la gestione della missione alla morte del marito, si era dimostrata disponibile a rinunciare a una divisione degli oggetti. Le tensioni furono superate e fu raggiunto un accordo: i reperti sarebbero rimasti tutti in Egitto, e sia Lady Carnarvon che Howard Carter avrebbero ricevuto un compenso in denaro. Lady Carnarvon ottenne anche un nuovo permesso per riprendere gli scavi, con Carter come principale archeologo.

Finalmente il 14 gennaio 1925 Carter firmò il contratto e il 29 gennaio riprese i lavori nella valle.

Le campagne di scavo successive furono più tranquille. La pressione di giornalisti e visitatori calò, e la squadra poté studiare, catalogare, restaurare gli oggetti senza essere continuamente distratta o interrotta. Lo sgombero della tomba fu completato il 10 novembre 1930 e i restauri si conclusero nella primavera del 1932, quando gli ultimi oggetti furono imballati e spediti al Cairo. La maggior parte dei preziosissimi artefatti provenienti dalla sepoltura venne esposta al Museo Egizio di piazza Tahrir, dove occupò una larga parte del secondo piano, divenendo un'attrazione per milioni di turisti da tutto il mondo.

I numeri finali del lavoro sono impressionanti. Pensa che solo per imballare i reperti dell'anticamera venne usato un chilometro e mezzo di ovatta di cotone. Alla fine di ogni stagione tutte le antichità venivano imballate in casse di legno, e trasportate fino al Nilo, per essere poi imbarcate alla volta del Cairo. Solo la maschera di Tutankhamun e il sarcofago d'oro viaggiarono in un vagone speciale e raggiunsero il Cairo in treno e non via fiume, sorvegliati dalla guardia armata dell'esercito egiziano.

La mummia di Tutankhamun fu lasciata nella Valle dei Re. Di tutti i suoi predecessori e successori, è l'unico faraone che ancora oggi riposa nella sua tomba.

Carter e i libri mai scritti

Carter pubblicò una raccolta di tre volumi intitolata *The Tomb of Tutankhamen* (La tomba di Tutankhamun). Il primo, *Search, Discovery and Clearance of the Antechamber* (Ricerca, scoperta e sgombero dell'anticamera), scritto insieme ad Arthur Mace, uscì dopo meno di un anno dalla scoperta. Per il secondo volume, *The Burial Chamber* (La camera sepolcrale), apparso nel 1927, Carter si fece assistere da Percy White, professore di inglese al Cairo. Il terzo volume, *The Annexe and Treasury* (Lo spazio annesso e il Tesoro) venne pubblicato nel 1933 e probabilmente Carter si fece dare ancora qualche suggerimento da White.

Dopo questi tre volumi che descrivevano quanto fatto e ritrovato nella tomba, Carter avrebbe dovuto pubblicarne altri sei, dedicati allo studio dettagliato di tutti gli oggetti rinvenuti. Ma non li completò mai.

I suoi diari e i suoi appunti erano estremamente accurati, le sue competenze eccellenti. Eppure, non se la sentì mai di scrivere un volume scientifico che potesse far conoscere tutti i particolari del suo lavoro. Iniziò a scrivere una autobiografia, ma abbandonò presto anche quella.

Non conosciamo i motivi che impedirono a Carter di portare a termine questi progetti. Forse si sentiva inadeguato e insicuro, perché non aveva mai studiato né come archeologo né come egittologo. Aveva imparato tutto sul campo lavorando insieme ai migliori specialisti del suo tempo, ma evidentemente le sue origini modeste e la mancanza di titoli accademici gli pesavano.

Certo è che la comunità egittologica internazionale attendeva queste pubblicazioni, e pertanto provò ad affrontare il problema, prima di tutto con Carter. Quando il primo volume di *The Tomb of Tutankhamen* uscì, Alan Gardiner scrisse all'archeologo per congratularsi e offrirgli il suo aiuto per realizzare una pubblicazione scientifica più ampia, ma Carter lasciò cadere l'offerta. Gardiner ci riprovò 12 anni dopo la morte dell'archeologo, nel 1951: chiese un finanziamento di 30.000 sterline al governo egiziano per portare a termine una pubblicazione completa sulla tomba e su tutti gli oggetti in essa rinvenuti, ma di lì a breve in Egitto scoppiò la Rivoluzione e questa proposta non si concretizzò mai.

Gli appunti e i diari di Carter e le quasi 2000 foto di Burton sono oggi al Griffith Institute di Oxford, in Inghilterra, e costituiscono una miniera preziosissima di informazioni su tutto il materiale ritrovato durante i dieci anni che Carter trascorse nelle operazioni di scavo, documentazione, studio e sgombero della tomba di Tutankhamun. Tutti i documenti sono stati scansionati e trascritti, e sono consultabili dal sito web del Griffith Institute. Si tratta di pagine e pagine scritte nella grafia minuta e regolare di Carter, che raccontano passo dopo passo tutta la storia della scoperta archeologica fra le più straordinarie di tutti i tempi.

Gli ultimi anni

Dopo le fatiche, gli scontri con il Servizio di Antichità, la notorietà, Carter cercò per anni un nuovo grande progetto da portare a termine, senza mai riuscirci.

Avendo raggiunto una certa sicurezza finanziaria, decise di dividere il suo tempo fra l'Inghilterra e Luxor, dove la casa ribattezzata "Castello Carter" costituiva per lui un rifugio sicuro in cui tornare. Rilasciò qualche intervista, ipotizzò di organizzare una nuova spedizione archeologica alla ricerca della perduta tomba di Alessandro Magno e continuò saltuariamente ad acquistare e vendere antichità.

Amava trascorrere il tempo sulla terrazza del Winter Palace (a pochi metri dal tempio di Luxor) e intrattenere gli ospiti con i suoi racconti. A Londra frequentava moltissime persone, ma nessun egittologo. Anzi, con molti di loro i rapporti si fecero tesi: alcuni non facevano mistero di avere poca stima di lui.

E Carter? Mi piacerebbe dirti che ormai non si preoccupava più di questi giudizi, ma non posso perché in realtà continuava a soffrire di un forte senso di inadeguatezza e inferiorità.

Il grande scopritore di Tutankhamun, colui che aveva reso per sempre immortale il nome del sovrano bambino, si spense, in seguito alle conseguenze del linfoma di Hodgkin, il 2 marzo del 1939, due mesi prima di compiere 65 anni. Al suo funerale parteciparono pochissime persone, e nessun egittologo. La comunità scientifica non gli aveva riconosciuto il ruolo che, invece, gli avevano riconosciuto milioni di persone, divenendo e **continuando a essere anche oggi, a distanza di molti anni, uno dei più famosi archeologi di tutti i tempi**.

Sulla sua lapide è scritto: Howard Carter, egittologo.

COME

METODI DI INDAGINE

Il metodo Carter

Come abbiamo già detto, Carter documentò tutto il materiale ritrovato nella tomba con estrema pazienza e meticolosità.

Programmò ogni movimento prima di compierlo e registrò tutti i passaggi compiuti. Era assolutamente consapevole della grandissima responsabilità che pesava sulle sue spalle: aver trovato una tomba intatta significava poter ricavare informazioni importanti non solo dagli oggetti, ma anche da come erano stati disposti nella tomba. Se li avesse rimossi senza tenere traccia della loro disposizione originaria, moltissimi dettagli preziosi sarebbero andati perduti per sempre.

Accanto a ogni reperto Carter mise un cartellino con un numero, Burton scattò le foto nella tomba facendo attenzione che in tutte comparissero l'oggetto e il suo numero identificativo. Per ognuno veniva compilata una scheda e veniva registrata la posizione di ciascuno sulla pianta della tomba. Solo a quel punto l'oggetto veniva rimosso e portato in laboratorio, dove ne veniva valutato lo stato di conservazione e, se necessario, si restaurava o se ne ricostruivano le parti mancanti (fra poco ti spiegherò come).

Il modo in cui Carter documentò la tomba di Tutankhamun è un ottimo esempio di accuratezza scientifica. Ti ricordi che, appena arrivato in Egitto, il diciassettenne Carter aveva avuto modo di lavorare fianco a fianco con Flinders Petrie, uno dei primi egittologi a utilizzare metodi di scavo e di classificazione di tipo scientifico? Che cosa significa?

Vieni, entriamo nella tomba di Tutankhamun e facciamocelo spiegare da Carter.

Un tesoro fragile

Non è uno scherzo: oggi tu e io possiamo davvero entrare nella tomba di Tutankhamun con Carter. E possiamo farlo proprio grazie al metodo scientifico che l'archeologo usò nello scavo. Per prima cosa, infatti, fece scattare a Burton tutte quelle foto che ti ho detto e che ancora oggi, se vai sul sito del Griffith Institute, ti mostrano la tomba così come la vide Carter cento anni fa. Se guardi le fotografie, la prima reazione sarà la stessa di Carter: vedrai cose meravigliose, tantissime cose meravigliose accatastate le une sulle altre in ogni angolo delle diverse camere. Se, poi, cominci a osservare con attenzione i singoli oggetti, ti sembrerà che siano perfettamente conservati e ricoperti soltanto dal velo di polvere lasciato dai secoli, ma non è così.

Howard Carter si trovò nella situazione di dover prendere decisioni rapide: bisognava garantire la conservazione di oggetti che risalivano a migliaia di anni prima. I manufatti in legno, ad esempio, a causa dell'umidità e delle termiti a volte si sbriciolavano letteralmente al primo tocco. A volte si scopriva che un cumulo di polvere scura addossato a una parete era tutto ciò che rimaneva di una struttura lignea.

Di fronte a una situazione del genere, l'archeologo doveva cercare di raccogliere il maggior numero di informazioni possibili da ciò che aveva di fronte. Ogni oggetto fu una sfida diversa. Per capire come le affrontò Carter, da qui in poi prova anche tu a usare il suo sguardo e il suo metodo. Ti aspetta un sacco di lavoro da vero archeologo. Sei pronto?

Il legno

Il legno fu uno dei materiali su cui Carter si trovò più spesso a intervenire. Capitava frequentemente di rinvenire decorazioni in avorio, oro, pietre preziose e **FAIENCE** accanto ai resti di legno decomposto. Carter sapeva cosa significava: la struttura di legno dell'oggetto antico si era disfatta, ma la posizione della decorazione poteva ancora fornire informazioni importantissime. Prendeva dunque nota delle collocazioni dei frammenti, li raccoglieva e poi li ricomponeva. Con questo metodo spesso è stato possibile ricostruire la forma e le dimensioni esatte dell'oggetto, disponendo la decorazione originale su un nuovo nucleo di legno. In questo modo, da un mucchio di frammenti di materiali diversi, si realizzava un oggetto nuovo, ma che rendeva perfettamente l'idea della sua forma antica.

Se, invece, il legno non era del tutto decomposto, si poteva ricoprire con uno strato di paraffina fusa, un tipo di cera inodore che rendeva l'oggetto solido e maneggiabile. Ma Carter non usò la paraffina solo in questo modo.

L'archeologo si trovò spesso a fare i conti con la cosiddetta "contrazione del legno". Grazie al clima secco, infatti, **la maggior parte degli oggetti nella tomba si era conservata benissimo**, chiusa per migliaia di anni al buio e in condizioni di temperatura e umidità stabili. L'apertura delle camere, l'ingresso dell'aria, la variazione di temperatura e umidità modificarono all'improvviso questo equilibrio millenario, causando un restringimento del legno, come se all'improvviso si fosse rimpicciolito o rinsecchito. Gli Egizi amavano molto rivestire i manufatti lignei con un sottile strato di gesso sul quale dipingevano o applicavano una lamina d'oro. Quando il legno si restringeva, il gesso si staccava e si deformava con il grosso rischio di andare in gran parte perduto.

Questo fu un serissimo grattacapo per Carter, che sperimentò varie procedure fino a trovare quella giusta. Prima fissava sul gesso le decorazioni, poi usava la paraffina per fare aderire il gesso al legno. Per riuscirci bisognava riscaldare la superficie e far arrivare la cera il più possibile vicino al punto di ebollizione, altrimenti non sarebbe stata abbastanza fluida per penetrare in tutte le fessure. A quel punto si mettevano gli oggetti al sole caldo dell'Egitto, si rimuoveva la paraffina in eccesso e si facevano leggere pressioni per far aderire lo strato di gesso alla cera ed evitare che si formassero bolle. Il timore di Carter era che la paraffina potesse causare alterazioni cromatiche. Lo rassicurò il fatto che i colori, al contrario, sembravano diventare più brillanti. Con il tempo, invece, le modificazioni purtroppo ci sono state e oggi richiedono pazienti lavori di pulitura e conservazione.

I tessuti

La situazione dei tessuti era identica a quella degli oggetti in legno: alcuni erano perfettamente conservati, altri erano ridotti a mucchietti di polvere. Certo, starai pensando, parliamo di vestiti che hanno più di tremila anni, è ovvio che siano ridotti a mucchietti di polvere. In realtà, non è proprio così. Molto dipende da come vennero riposti nella tomba. All'inizio erano tutti ben conservati nei loro contenitori, ma poi i ladri rovistarono ovunque, spargendone diversi sul pavimento. Purtroppo, i funzionari incaricati di rimettere ordine nella tomba lo fecero in fretta e in maniera maldestra. Se avessero ripiegato con cura gli indumenti, o per assurdo li avessero lasciati sul pavimento, si sarebbero conservati meglio. Invece, li pigiarono a forza e alla rinfusa in cassettine di legno che probabilmente in origine non erano nemmeno destinate a contenerli.

Anche in questo caso, Carter documentò con cura tutto ciò che trovava. Quando svuotava le cassette prestava la massima attenzione nel rimuovere un oggetto per non rovinare quelli conservati sotto. Molti di questi capi erano ricoperti di guarnizioni in rosette d'oro e ricami di perline, ma in alcuni casi gli abiti erano così fragili che al minimo tocco si rischiava che si sbriciolassero. Si trattava di una situazione simile a quella del legno, ma più grave: occorreva scegliere se provare a salvare la stoffa, ma scomponendo e perdendo le decorazioni, oppure il contrario. Per tutelare entrambe le cose, l'archeologo e la sua squadra si armarono di una grande pazienza. Ripensando a come intervenne sugli oggetti in legno, come pensi che abbia fatto sui tessuti? Vediamo se indovini.

In genere il filo che teneva insieme le perline non esisteva più e la decorazione era rimasta in posizione solo perché nessuno l'aveva toccata per millenni. L'archeologo soffiava via con cura la polvere superficiale, ricostruiva la struttura decorativa del collare, o della cintura, o di qualsiasi altro indumento si trattasse e la rinfilava perlina per perlina *in situ*, cioè senza spostare l'oggetto dalla tomba. Altre volte, invece, era più semplice riprodurre il disegno della decorazione su un pezzo di cartone, applicarci un sottile strato di plastilina e trasferire a una a una le perline, lasciando spazi vuoti in corrispondenza dei pezzi mancanti.

Sempre più difficile: legno, oro e perline

Carter racconta come, in caso di oggetti fatti di diversi materiali combinati insieme in decorazioni dal disegno complesso, il processo di ricomposizione fosse particolarmente difficile. Descrive, ad esempio, una serie di braccialetti da polso e da caviglia nei quali le file di perline erano alternate con sbarrette di legno ricoperte da una lamina d'oro. Le sbarrette di legno erano del tutto scomparse, lasciando solo gli involucri d'oro. Per restaurare i bracciali, quindi, l'archeologo inglese preparò delle sbarrette dello stesso formato, le bucò con un ago riscaldato per farci passare il filo e le ricoprì con l'originario rivestimento in oro. **Dal punto di vista di Carter era fondamentale fare questi restauri sul posto perché era convinto che solo il contesto in cui si trovavano gli oggetti poteva permettere di ottenere una ricostruzione basata su prove concrete.** E, ora che anche tu stai usando lo sguardo dell'archeologo, capirai che la sua scelta aveva anche un valore archeologico maggiore rispetto a quella di salvare pezzi di stoffa informi con un mucchio di perline sciolte e non più collocabili nella loro posizione originaria.

Papiri, pietra e terracotta

I papiri presentavano problemi così particolari che maneggiandoli in modo poco accurato avrebbero potuto sfaldarsi in briciole irrecuperabili. L'archeologo inglese stabilì, quindi, un modo preciso per srotolarli. Se un papiro era in buone condizioni, bisognava tenerlo avvolto per qualche ora in un panno umido, e solo dopo si poteva stendere e mettere sotto vetro. I rotoli molto fragili, invece, non andavano srotolati se non c'erano tempo e spazio a sufficienza per poterli aprire lentamente e del tutto. In questi casi, perciò, si raccoglievano e si rimandava il lavoro in un secondo momento, così come avvenne per materiali come pietra e terracotta.

Questi ultimi, infatti, avevano problemi di conservazione legati alla migrazione dei sali, cioè al fatto che con il tempo i sali contenuti naturalmente in questi materiali salgono in superficie e possono arrivare a danneggiarla seriamente. In genere, però, il problema non richiede un intervento immediato; quindi, Carter decise di rimandare il lavoro su questi oggetti in un secondo momento.

Il viaggio del tesoro lungo il fiume

Quando gli oggetti venivano portati al "laboratorio" allestito nella tomba di Seti II, dopo averli spolverati, si redigevano le schede destinate all'archivio, complete di tutte le misure, le annotazioni di natura archeologica e le copie di eventuali iscrizioni. Seguivano poi le operazioni di restauro e i trattamenti conservativi, dopo di che gli oggetti venivano portati all'imbocco della tomba per essere **FOTOGRAFATI IN SCALA**. Infine, venivano immagazzinati in fondo alla tomba, in attesa di essere imballati.

Bisognava proteggere gli oggetti dalla polvere e da eventuali danni. Si avvolgeva ogni manufatto nel cotone o in un panno prima di depositarlo nelle casse. Gli oggetti più delicati, come le parti del trono, le gambe delle sedie e dei letti, gli archi e i bastoni si fasciavano stretti in modo che nulla potesse muoversi durante il viaggio. Gli oggetti troppo fragili da non poter essere imballati furono appoggiati in casse su uno strato di crusca.

A quel punto, si apriva la questione del trasporto. Sulla riva del fiume era attraccata una chiatta a vapore inviata dal Servizio di Antichità, ma il laboratorio distava circa otto chilometri da quel punto e la strada per arrivarci era malandata, con molte curve e in pendenza. Si decise, quindi, di costruire una ferrovia Decauville, cioè una piccola linea ferroviaria a scartamento ridotto, ovvero con i binari più stretti rispetto a una normale linea ferroviaria.

PAUL DECAUVILLE

Questo sistema di binari prende il nome dall'ingegnere francese Paul Decauville, che nella seconda metà dell'Ottocento migliorò il sistema precedente e divenne un punto di riferimento per il trasporto di merci tra miniere e stabilimenti industriali, che avvenivano fino a quel momento in condizioni ambientali difficili.

Realizzare una ferrovia Decauville fu un'operazione complessa perché non c'era un binario già pronto su tutta la linea fino al fiume. Si procedette, quindi, posando i binari man mano che avanzavano i carrelli con i reperti, trasportando le rotaie per mezzo di una catena di uomini che si spostava insieme ai carrelli. Per questo lavoro vennero impiegati 50 operai, ciascuno con una mansione: chi spingeva i carrelli, chi posava le rotaie, chi recuperava quelle già usate. Il lavoro venne compiuto sotto un sole bruciante con una temperatura di oltre 40 gradi che arroventava le rotaie. Si riuscì, comunque, a percorrere la distanza in 15 ore.

Durante il viaggio sul fiume le casse furono affidate a una scorta di soldati e, dopo un viaggio di sette giorni, il carico arrivò al Cairo. Gli oggetti di maggior valore vennero subito esposti mentre il resto delle casse venne depositato nei magazzini del museo.

OSSERVAZIONI E DEDUZIONI

Le prime osservazioni archeologiche e la ricostruzione dei furti

Ogni azione lascia una traccia, a volte molto evidente, a volte invece difficile da notare. Il lavoro di un archeologo è registrare tutte queste tracce, e poi provare a interpretarle per ricostruire cosa avvenne nel passato. Ma nella pratica, sul campo, come fa un archeologo a trovare queste tracce e a interpretarle? Studiando molto, prima di tutto, e imparando a guardare le cose con uno sguardo "scientifico" e anche un po' da investigatore che si domanda: «Cosa è successo qui prima che ci arrivassi io?». Quando Carter infilò la candela nel buco aperto nella porta murata, il primo sguardo fu pieno di stupore e meraviglia. Ma il secondo? Prova a pensare cosa gli passò per la testa dopo quel primo momento, poi continua a leggere e scopri se anche tu stai imparando a ragionare come un archeologo.

Al secondo sguardo Carter fotografò mentalmente la situazione. Davanti a lui c'era un gran disordine. Di sicuro il corredo non si trovava più nella posizione in cui era stato depositato nelle stanze subito dopo il funerale. Questo disordine e le ristuccature dei passaggi murati erano il segno che la sepoltura era stata "visitata" dai ladri. Una volta entrati, Carter e Carnarvon poterono confermare questa prima osservazione. Gli oggetti erano accatastati in modo disordinato, molti erano danneggiati, mancavano manufatti in metallo così come vetro, olii preziosi e unguenti.

Il cosiddetto "spazio annesso" era quello che aveva subito più danni. Probabilmente solo un ladro era entrato, data la dimensione ridotta delle camere, e aveva proceduto con una certa sistematicità a svaligiare tutto, aprendo le casse, rovesciando e spostando oggetti, impilandoli uno sull'altro e passando ai suoi complici all'esterno tutto quello che poteva essere portato via.

Inizialmente Carter pensò che il saccheggio della tomba fosse avvenuto verso la fine della Ventesima Dinastia. In realtà, considerato che erano stati rubati, ad esempio, molti olii e cosmetici, cioè materiali deperibili che già dopo pochi mesi sarebbero stati inutilizzabili, si deve presumere che la violazione della tomba avvenne poco dopo il funerale, ovvero 300 anni prima di quel difficile periodo di cui ti ho raccontato.

Osservando lo stato del corridoio, Carter notò che la breccia aperta dai ladri nella porta murata era troppo bassa rispetto al livello dei detriti e concluse che il corridoio di accesso doveva essere vuoto quando i ladri erano entrati per la prima volta. I detriti che lui rinvenne erano stati accumulati in un secondo momento dai sorveglianti della necropoli, proprio per rendere più difficile un nuovo accesso. Sotto lo strato di detriti, Carter trovò sul pavimento frammenti di oggetti che erano stati lasciati lì dopo il funerale, tra cui i residui del materiale di imbalsamazione.

Dopo il primo furto, per qualche motivo che non ci è chiaro, gli oggetti del corridoio erano stati sepolti in una fossa (che gli archeologi chiamarono Pit 54) poco distante, scoperta da Theodore Davis nel 1907. Questo nascondiglio, molto piccolo e profondo un metro e mezzo, conteneva una dozzina di vasi, sigilli con il nome di Tutankhamun, frammenti di tessuto con iscrizioni in ieratico che fanno riferimento al Sesto e all'Ottavo Anno di regno di Tutankhamun, fagottini contenenti natron (vedi a pagina 51), cocci di vasi, resti di ghirlande di fiori e una piccola maschera di **CARTONNAGE** dorato.

Sul pavimento del corridoio, Carter ritrovò anche una testa di lancia di bronzo, rasoi e frammenti d'oro, che probabilmente erano caduti ai saccheggiatori mentre si affrettavano a uscire dalla tomba. I funzionari incaricati di rimettere ordine nella sepoltura risistemarono questi oggetti nel corridoio, lo sigillarono con i detriti e chiusero di nuovo la porta.

Anche i detriti raccontano: il secondo furto

I detriti stessi, esaminati con cura da Carter, raccontarono un'altra parte della storia. Dopo un certo periodo, infatti, altri ladri si erano introdotti nella tomba e avevano scavato un nuovo passaggio nel riempimento, che aveva richiesto molte ore di lavoro. Una volta aperta la strada, i ladri erano riusciti a entrare in tutte le stanze, incluso il cosiddetto "Tesoro".

Carter, analizzando gli inventari lasciati nella tomba da coloro che prepararono il corredo funerario, fu in grado di stabilire che circa il 60 per cento dei gioielli del tesoro era stato sottratto in quell'occasione.

L'archeologo inglese trovò dentro un cofanetto un fagotto di stoffa con una serie di anelli. Immagini che cosa era successo? Probabilmente i ladri, sorpresi dalle guardie della necropoli, lo avevano lasciato lì in tutta fretta. Forse, avevano agito indisturbati per diversi giorni nella tomba e al momento della cattura avevano solo parte della refurtiva con sé. Ecco perché così tanti materiali preziosi mancano dall'inventario.

Una volta colti in flagrante avevano avuto quasi certamente la punizione esemplare riservata a coloro che violavano le sepolture regali: erano stati impalati.

La seconda e ultima chiusura della tomba

Gli ufficiali incaricati di rimettere ordine avevano agito in grande fretta, Carter lo capì dalla confusione che avevano lasciato. Volevano probabilmente sigillare la tomba il prima possibile per evitare altri furti. Non lo sappiamo con certezza, ma possiamo ipotizzare che a seguire i lavori fu di nuovo Maya, responsabile del tesoro del faraone. Sappiamo, infatti, che nell'Ottavo Anno di regno di Horemheb fece l'inventario e restaurò dopo un furto la tomba di Tuthmosi IV. Maya si avvalse, per questo compito, dell'assistenza di Djehutymes: entrambi i loro nomi compaiono nell'iscrizione ufficiale in geroglifico visibile sulla parete meridionale dell'anticamera della tomba. Anche all'interno della tomba di Tutankhamun su un supporto in calcite depositato nell'Annesso è stata ritrovata un'iscrizione con il nome di Djehutymes, indizio importante per datare le possibili operazioni di restauro e permetterci di capire quando avvenne la violazione della tomba.

I lavori di risistemazione furono molto rapidi perché si voleva ridare la sensazione di un ordine, seppur apparente, alla tomba, ma soprattutto cercare di metterla in sicurezza in fretta. Le casse e i cofanetti aperti non vennero muniti di nuovi sigilli. Le brecce scavate nei passaggi murati che conducevano alla camera sepolcrale e all'Anticamera furono riparate, coperte di intonaco e lì, invece, vennero impressi di nuovo i sigilli della necropoli. Il tunnel scavato fra i detriti del corridoio fu riempito e il buco sulla porta di ingresso murato. L'amministrazione usò gli stessi sigilli che erano stati utilizzati dopo il primo furto e questo ci fa capire come i due eventi avvennero in un lasso di tempo relativamente breve, probabilmente durante il regno di Ay e di Horemheb.

Solo la cappella dorata più interna, il sarcofago in quarzite, le casse antropomorfe e la mummia erano, al momento della scoperta di Carter, ancora nella posizione in cui erano state collocate il giorno del funerale.

La ricostruzione di tutti questi eventi avvenuti dopo la tumulazione di Tutankhamun è stata possibile grazie all'attenta osservazione del contesto in cui gli oggetti furono rinvenuti. Se Carter non avesse usato il suo metodo scientifico, noi non avremmo mai saputo nulla di tutto questo. Potremmo dire che, **se vuoi diventare un vero archeologo, devi fare come lui: imparare a osservare bene gli oggetti per capire quali storie raccontano**.

La mummia di Tutankhamun e le cause della sua morte

Come morì Tutankhamun?

Se te lo stai domandando da un po', sappi che la tua è una delle prime domande che anche Carter e la sua squadra si fecero e alla quale provarono a rispondere, non appena riuscirono ad accedere al corpo. La cosa fondamentale da fare per capire le cause della morte del faraone era un'autopsia. Ma come si fa un'autopsia a una mummia di 3000 anni?

In realtà, prima di raccontartelo, devi sapere che nell'antico Egitto la vita media era di poco più di 30 anni. Questo significa che metà della popolazione moriva prima di compierli. La mortalità tra i bambini era altissima, e solo poche persone raggiungevano un'età avanzata. Le cause erano diverse: malattie che oggi possono essere curate, morsi di serpenti o scorpioni, infezioni e cadute. E questo valeva per tutti, anche per re, regine, principi e principesse.

Morire intorno ai 20 anni, come Tutankhamun, non era tanto raro. Ma la morte di un faraone ovviamente aveva un impatto significativo sull'intero paese e conoscere come morì può aiutarci a capire meglio gli eventi di tutto quel periodo storico.

L'autopsia del corpo del faraone cominciò l'11 novembre 1925, nel corridoio della (solita) tomba di Seti II. L'operazione fu condotta da Douglas Derry, professore di anatomia presso l'Università del Cairo, e da Saleh Hamdi Bey, professore della facoltà di medicina all'Università di Alessandria (quella d'Egitto, ovviamente, non quella in Piemonte), alla presenza di Carter, Lucas, Burton e diversi funzionari e personalità egiziane ed europee.

Arrivare al corpo del faraone era stata un'operazione lunga e complessa. Come ti ho accennato prima, Tutankhamun era stato infatti sepolto all'interno di tre sarcofagi antropoidi, cioè con le sembianze di un uomo, inseriti uno dentro l'altro e infine tutti insieme in un sarcofago in pietra, a sua volta custodito da quattro grandi casse dorate. Il tutto era stato montato all'interno di una stanza molto piccola, fino praticamente a riempirla del tutto. **Si tratta delle misure più complesse mai ritrovate in una tomba per proteggere la mummia.**

Dopo un paziente lavoro di smontaggio delle casse dorate e di apertura dei primi due sarcofagi, il 28 ottobre Carter si trovò finalmente faccia a faccia con la celebre maschera d'oro, che nascondeva il volto di Tutankhamun.

A prima vista il corpo sembrava ben conservato. Osservando più attentamente, la squadra notò però che il sudario, ovvero il telo che avvolgeva il corpo, sembrava carbonizzato. Subito pensarono che fosse un effetto degli unguenti a base di resina che erano stati sparsi sul corpo prima di chiudere il sarcofago.

Il corpo e la maschera erano praticamente incollati alla base della cassa del terzo sarcofago. Bisognava staccarli, cercando di non rovinarli. Era necessario trovare il modo di sciogliere quella specie di colla. Carter fece portare il sarcofago fuori dalla tomba di Seti II e lo fece esporre al sole. Dopo diverse ore a una temperatura che toccava i 65 gradi (nel deserto si raggiungono temperature molto alte), gli unguenti erano ancora solidi, e Carter decise che gli esami della mummia potevano essere fatti solo all'interno della bara.

Sotto le bende

L'11 novembre, quindi, di nuovo nella tomba di Seti II, gli archeologi versarono della cera sulle fragilissime bende esterne. Una volta solidificata, il professor Derry fece un'incisione longitudinale al centro, permettendo quindi di aprire i brandelli di lino e di cominciare a rimuoverli senza distruggerli. **Dopo 3000 anni in un sarcofago, senza questo espediente quasi sicuramente il tessuto che avvolgeva il corpo del faraone si sarebbe**

polverizzato al primo tocco. Fatta eccezione per alcune piccole aree, tutte le bende erano nere. Nei suoi appunti, Lucas annotò che sembrava che tutto il corpo fosse carbonizzato a causa di un processo di combustione spontanea e, forse, per l'azione congiunta di un fungo.

Nonostante questi danni, si riusciva comunque a capire che gambe e braccia erano state bendate separatamente dal tronco.

La pelle non aveva l'aspetto secco e simile al cuoio, tipico delle mummie, a cui erano abituati Carter e gli altri membri della squadra, ma dava l'impressione appunto di aver subito le conseguenze di quel processo di combustione di cui Lucas aveva parlato nei suoi appunti. Derry stabilì che **il sovrano doveva essere alto 1 metro e 67 centimetri e che probabilmente era morto in un'età compresa fra i 17 e i 19 anni**.

Le braccia erano piegate all'altezza dei gomiti, in posizione parallela, con l'avambraccio sinistro sopra quello destro, proprio come si vede su tutti e tre i sarcofagi.

Queste prime informazioni, però, non dicevano ancora nulla del grande mistero: come era morto il faraone? Bisognava andare più a fondo e, per farlo, era necessario estrarre il terzo sarcofago dal secondo e togliere la maschera d'oro alla mummia.

Il corpo del faraone era stato letteralmente ricoperto di unguento che, una volta solidificato, lo teneva fissato alla maschera e al sarcofago come una colla durissima. La conservazione del corpo, tanto cara agli antichi Egizi, era proprio basata sulla realizzazione di una specie di bozzolo che doveva restare inaccessibile. **Per accedere al volto del sovrano, dunque, Carter decise di ricorrere alle maniere forti.**

Il volto del re

Per estrarre il terzo sarcofago dal secondo, Carter decise di provare a sciogliere l'unguento solidificato esponendolo a un calore di oltre 500 gradi. Bisognava, però, fare in modo che la temperatura così alta non rovinasse nulla. Perciò, il sarcofago fu rovesciato e appoggiato a pancia sotto su alcuni cavalletti, e la superficie esterna venne rivestita con parecchie coperte imbevute d'acqua e tenute costantemente bagnate perché facessero da barriera al caldo eccessivo. Poi furono disposte sotto la cavità varie fiamme ossidriche accese al massimo.

Ci vollero parecchie ore prima che si potessero notare dei risultati. Quando fu chiaro che l'esposizione al forte calore aveva raggiunto il suo obiettivo, le fiamme ossidriche vennero spente e i sarcofagi furono lasciati sui loro sostegni. I primi segni di movimento furono quasi impercettibili, perché il materiale era estremamente tenace, ma poi diventarono sempre più evidenti, fino a quando non fu possibile sfilare verso l'alto il secondo sarcofago, lasciando il terzo sui trespoli. La maschera era ancora all'interno del sarcofago ed era stata protetta da una coperta imbevuta d'acqua. Aveva, tuttavia, assorbito calore, per cui si riuscì a staccarla dal fondo, dove rimase la sostanza viscosa che si dovette togliere ricorrendo di nuovo alla fiamma ossidrica e ai solventi.

Il 16 novembre il corpo era stato ormai sbendato ed era pronto per essere rimosso dal sarcofago. Il problema era la maschera d'oro, così saldamente adesa alla testa che fu necessario usare alcuni coltelli arroventati per staccarla e per rivelare finalmente il volto del faraone.

Questo si presentava con un'epidermide molto fragile,

di colore più scuro rispetto a quella del corpo, e con parti sfigurate a causa del processo di essiccazione dovuto alla mummificazione.

Il capo era stato rasato e i lobi delle orecchie avevano dei buchi di circa 0.75 centimetri di diametro. Sulla guancia sinistra c'era una lesione rotonda. Il naso si era appiattito per la pressione delle bende, e le narici e gli occhi erano stati riempiti con tessuti imbevuti di resina. Il cranio era vuoto, fatta eccezione per una piccola quantità di sostanza resinosa introdotta tramite il naso. Il professor Derry notò anche una frattura alla gamba sinistra, ma non fu in grado di stabilire le cause della morte.

Nel 1926 Carter riportò la mummia all'interno della sua tomba.

Poche risposte, tantissime domande

Negli anni successivi, altri studiosi cercarono di capire come fosse morto il faraone, di stabilire con più certezza l'identità del sovrano e di gettar luce sugli ultimi convulsi momenti della sua vita. Nel 1968, Ronald Harrison, professore di anatomia all'Università di Liverpool, fece alcune radiografie alla mummia, lasciandola sempre all'interno della tomba, e sembrò rilevare tracce di un trauma cranico. Purtroppo, Harrison morì prima di pubblicare i risultati delle sue indagini. Dieci anni dopo, nel 1978, il professor James Harris dell'Università del Michigan fece altre radiografie, ma anche lui non pubblicò mai i risultati.

Nel 2005, una squadra coordinata dal professor Zahi Hawass ha sottoposto la mummia a una **TOMOGRAFIA ASSIALE COMPUTERIZZATA (TAC)**. Quest'ultima ricerca ha permesso di fare chiarezza almeno su alcuni aspetti della vita e della morte del faraone. **Prima di tutto, possiamo dire con una certa sicurezza che Tutankhamun non fu assassinato.** I danni alla testa e al collo della mummia sono probabilmente dovuti alle manovre a cui il corpo fu sottoposto durante la mummificazione, oppure durante l'estrazione dal sarcofago in epoca moderna.

In generale, però, sembra che il sovrano non godesse di ottima salute. Le analisi hanno rivelato che soffriva di malaria, e che poco prima di morire si fratturò il femore sinistro (la frattura che aveva visto Derry nel 1925). È stata avanzata l'ipotesi che il faraone soffrisse di qualche morbo o malattia genetica, come per esempio la sindrome di Marfan, che causa problemi a occhi, cuore, aorta, polmoni e pelle, ma non solo. Questa sindrome porta anche una specie di deformazione ossea: il volto e il cranio sono più allungati, il bacino è più largo e gli arti sono più lunghi rispetto alla norma.

Cosa ti ricorda questa descrizione? Ebbene sì, ti fa pensare ai ritratti di Akhenaten, il predecessore di Tutankhamun. Ma l'analisi dei resti umani dei vari componenti della famiglia non ha dato risultati certi sul fatto che ne soffrissero tutti. E non è chiaro nemmeno se sia davvero possibile effettuare una diagnosi di questo tipo su un cadavere di qualche migliaio di anni.

Il tentativo risulta ancora più complesso in questo caso perché i corpi sono anche mummificati e i tessuti molli non possono essere esaminati in modo accurato, avendo subito alterazioni durante il processo di imbalsamazione. Senza contare che le mummie devono essere complete per permettere tutte le misurazioni necessarie a comprendere le dimensioni e i relativi rapporti fra arti, cranio e volto, e non tutte lo sono perché spesso nel tempo si sono decomposte o sono state danneggiate.

Sono state fatte diverse radiografie sulla mummia della tomba 55 (quella che si pensa possa appartenere ad Akhenaten), su quella di Tutankhamun e su altri membri della famiglia per cercare di comprendere se tutti soffrissero della sindrome di Marfan. Tuttavia, le prove raccolte fino a oggi sono davvero scarse. È stato constatato un leggero allungamento del cranio in alcune mummie della Diciottesima Dinastia, ma non in quella di Akhenaten e Tutankhamun. Quindi, una diagnosi basata solo su ciò che si può dedurre analizzando le ossa dello scheletro è troppo complicata e non dà un risultato certo. La particolare rappresentazione androgina di Akhenaten dipende, quindi, come abbiamo visto, da una nuova visione artistica legata alla riforma religiosa e non è una riproduzione realistica dell'aspetto del sovrano.

Ma allora, ti starai domandando: «Chiarito che non è stato ucciso e raccolti tutti questi indizi, cento anni dopo la scoperta della sua tomba abbiamo almeno un'idea di come sia morto Tutankhamun»? **L'ipotesi più probabile è quella di un incidente: potrebbe essere caduto durante una battuta di caccia, rompendosi la gamba sinistra.** È possibile che questa frattura abbia generato un'infezione, che a sua volta sia risultata fatale al faraone, già indebolito dalla malaria.

Il funerale e la sepoltura

Per farci raccontare cosa accadde quando Tutankhamun morì, possiamo rivolgerci a una testimone di prima mano che in 3000 anni non ha dimenticato nulla di quei giorni.

Di chi sto parlando? Della sua tomba.

Nessuno evidentemente si aspettava che il sovrano morisse così giovane. I preparativi per la sepoltura furono affrettati, gli oggetti vennero accatastati in una tomba di dimensioni ridotte che non era stata pensata per un faraone, ma che fu necessario riadattare per l'occasione.

Lo scettro passò nelle mani del generale Ay, che aveva assistito Tutankhamun da quando era un bambino. Come si vede dalle decorazioni della camera sepolcrale, prima che il sarcofago fosse calato nel sepolcro, fu lui a compiere un passaggio importantissimo del funerale, ovvero il rito della "apertura della bocca", che doveva permettere al corpo del defunto, correttamente conservato durante il processo di mummificazione, di riprendere le sue funzioni vitali per ricominciare a vivere nell'aldilà.

Il corpo del faraone fu dunque adagiato nella tomba, dentro ai tre sarcofagi antropomorfi, infilati uno dentro l'altro, e all'ultimo sarcofago esterno di quarzite. A questo punto possiamo davvero dire che si fosse conclusa la vicenda terrena del giovanissimo Tutankhamun.

Chiusa e fortunatamente dimenticata: la tomba scompare

I lavori nella tomba, però, continuarono per parecchi giorni dopo il funerale. Durante quelle ultime operazioni di completamento della sepoltura si verificò qualche piccolo incidente. Al momento di essere richiuso, il coperchio del sarcofago esterno si ruppe e fu riparato usando dell'intonaco colorato. Durante il montaggio delle cappelle dorate che racchiudevano i sarcofagi, alcuni pannelli furono fissati nel modo sbagliato, senza seguire l'orientamento rituale, e sulle superfici dorate si notano i danni provocati durante queste fasi delicate e difficili.

Una volta erette le cappelle, fu costruita una parete divisoria fra la camera sepolcrale e l'anticamera. Nella parte interna questo muro venne dipinto così da permettere di completare la decorazione già presente sulle altre pareti della camera sepolcrale. Al centro venne lasciata un'apertura per consentire il passaggio agli operai e ai sacerdoti che andavano a depositare gli ultimi oggetti del corredo attorno alle cappelle e nel cosiddetto "Tesoro". Quando finirono il loro lavoro, l'apertura sulla parete venne chiusa con mattoni a secco, intonacata e sulla superficie esterna gli ufficiali presenti apposero i sigilli. L'Annesso e l'anticamera furono riempiti con altri oggetti appartenenti al corredo regale e le porte furono murate. Nel corridoio di ingresso vennero lasciati gli oggetti utilizzati durante la mummificazione e alcune offerte di cibo, la porta venne sigillata e l'ingresso della tomba fu sepolto.

Dopo poco tempo, avvennero i due tentativi di furto di cui ti ho raccontato, la tomba venne riordinata in fretta, chiusa e ben presto dimenticata. La presenza, sopra alla scala di ingresso, delle baracche di operai utilizzate durante la costruzione della tomba di Ramses VI ha costituito un'altra protezione per i millenni successivi.

Il potere della memoria

Come abbiamo visto, il giovane sovrano visse in un periodo molto turbolento, ascese al trono bambino e regnò per appena dieci anni, fu praticamente ignorato dai suoi successori e dimenticato per più di 30 secoli.

Grazie alla scoperta della sua tomba, però, il faraone ha acquisito una fama globale e potremmo affermare che oggi sia uno dei personaggi più conosciuti dell'antico Egitto. Il suo nome è ripetuto da milioni di turisti che visitano il suo monumento funerario ogni anno, ammirano gli oggetti esposti al Cairo, leggono libri a lui dedicati, continuano a far vivere il suo nome per sempre.

Forse senza saperlo, tutte queste persone portano così a compimento l'intimo desiderio di ogni abitante dell'antico Egitto che si augurava che il proprio nome non venisse dimenticato, ma continuasse a risuonare nelle bocche dei viventi per sempre. **Anche tu, leggendo questo libro, permetti a Tutankhamun di continuare a vivere, anche dopo la sua morte.**

PERCHÉ

GLI OGGETTI COME FRAMMENTI DI MEMORIA

La biografia degli oggetti

Pensa a qualche oggetto che usi tutti i giorni. Un pettine, un piatto, una maglietta, un quaderno di scuola. Li usi senza dar loro troppa importanza, e probabilmente non hai mai pensato a cosa succederà loro quando non li userai più. Qualcuno si romperà, qualcun altro lo perderai, qualcuno diventerà inutile. Ma, anche se lontani da te, potrebbero continuare a esistere ancora per molto tempo, magari per centinaia o migliaia di anni. E qualcuno, fra 3000 anni (come è successo per la tomba di Tutankhamun), potrebbe ritrovare quegli oggetti e cercare di capire qualcosa di te, della tua vita quotidiana e del tuo carattere.

Ecco, questo è ciò che fanno gli archeologi: studiano

gli oggetti appartenuti a persone che non ci sono più, per capire qualcosa di loro.

Gli oggetti, ovviamente, sono muti. Per ricevere risposte alle nostre domande, come hai visto seguendo la scoperta di Carter, bisogna osservarli da vari punti di vista e misurarli in vari modi. I reperti archeologici che vedi nei musei spesso vennero realizzati, usati, abbandonati o persi, dimenticati o sepolti, e dopo tanto tempo ritrovati, venduti o rubati, studiati e alla fine messi in un museo. Sono passati di mano in mano, da persona a persona, e hanno accumulato una loro storia: questa è la biografia degli oggetti.

Quindi, questa biografia, indirettamente, ci racconta non solo qualcosa degli oggetti stessi, ma anche qualcosa di tutte le persone che li hanno usati, di quelle che li hanno riscoperti e studiati. Perciò, dalla loro osservazione, possiamo capire qualcosa di chi è venuto prima di noi e di chi ha costruito il mondo che conosciamo: in questo senso, gli oggetti antichi ci parlano anche di noi.

È come se contenessero frammenti di ricordi, piccole tessere di un mosaico i cui pezzi sono sparpagliati in giro per i secoli, e che noi possiamo tenta-

re di ricostruire, almeno in parte. Quando vedi un oggetto nella vetrina di un museo, sappi che dietro ad esso ci sono molte storie nascoste. Il compito dei musei è quello di raccontarne il più possibile, ma per farlo è necessario interrogare gli oggetti, studiarli.

Ti faccio un esempio: prendiamo un vasetto per gli olii profumati, un elemento che è stato trovato tante volte nelle tombe egizie. Le analisi scientifiche a cui possiamo sottoporlo per "farci raccontare" la sua storia sono tante. Gli archeologi chiamano "archeometria" l'insieme di queste analisi. La prima che possiamo operare sul nostro vasetto è l'analisi autoptica, cioè l'esame del vasetto così come lo vediamo. Oppure è possibile usare la diagnostica per immagini, cioè fargli, per esempio, una radiografia. Se analizziamo gli isotopi, ovvero alcuni particolari tipi di atomi, riusciamo a capire che tipo di argilla è stata utilizzata per modellare il vasetto e da dove veniva. L'analisi del residuo nel vasetto può dirci quale tipo di olio conteneva. Raccogliendo tutte queste informazioni, l'oggetto pian piano ci svela la sua storia, ci permette di ricostruire la sua biografia e diventa la chiave di lettura per comprendere abitudini e costumi degli antichi.

La vita degli oggetti prima del museo

L'oggetto, però, non è solo un "documento storico", un testimone superstite di un mondo lontano e scomparso. Quando visitiamo un museo e ammiriamo un reperto in una vetrina, instauriamo con esso un rapporto che va al di là di ciò che ci racconta del mondo da cui arriva. Un sarcofago egizio, per esempio, non è stato creato per essere esposto in una vetrina e ammirato come un oggetto d'arte. In pratica, il reperto vive nel presente una nuova esistenza, durante la quale viene contemplato, studiato, classificato, interpretato e assume un valore molto diverso da quello che aveva nel passato. Anche questa seconda vita "da museo" ha un valore e va studiata.

Per farlo bisogna partire dagli archivi che ci dicono se quel vasetto, o quel sarcofago, è arrivato al museo dal mercato antiquario, da uno scavo archeologico, da una collezione privata. Lo studio degli archivi e delle pubblicazioni del passato ci racconta anche come si sono evolute le nostre conoscenze. Per esempio, ci sono stati grandi studiosi che sono riusciti a decifrare per primi la lingua degli antichi Egizi, hanno avuto intuizioni, sono riusciti a cogliere a fondo il significato di un determinato reperto e oggi le loro conclusioni rimangono valide. Ce ne sono stati altri, invece, le cui ipotesi sono state "superate" da nuove scoperte, osservazioni diverse, evoluzione di punti di vista che ci hanno portato a mutare le conclusioni precedenti. La ricerca, cioè, ci insegna a mettere costantemente in discussione i nostri risultati nel tentativo di comprendere di più il mondo antico e noi stessi.

Il filosofo greco Archita di Taranto si faceva una domanda: "dando per scontato di poter raggiungere il limite più esterno del cielo, cosa succederebbe se io provassi a stendere il mio bastone oltre quel limite? Nel momento in cui lo faccio, dimostro che il cielo non è finito lì, ma continua". Se questa operazione può essere ripetuta tutte le volte che si arriva a un limite, il limite potrebbe essere apparente e in realtà lo spazio esplorabile potrebbe essere infinito. Se trasportiamo il discorso di Archita nel campo della conoscenza, ogni volta che scopriamo un frammento in più della storia di un oggetto ci spingiamo oltre il limite della conoscenza che avevamo fino a quel momento. Ecco perché l'archeologia è straordinaria: gli oggetti antichi che studiamo sono come il bastone di Archita, ci permettono di tastare oltre i limiti apparenti della conoscenza e di allargarli sempre di più.

"Cose meravigliose"

È lì che abbiamo lasciato Carter, davanti a una parete a sbirciare in un buco con una candela accesa, mentre Lord Carnarvon, alle sue spalle, fremeva impaziente di posare anche lui gli occhi su quelle "cose meravigliose". Non sappiamo se siano state davvero queste le parole dell'archeologo, ma descrivono in maniera perfetta lo stupore che anche noi avremmo provato davanti a quella scoperta.

Ogni singolo oggetto rinvenuto nella tomba ci ha raccontato la sua storia e ha funzionato da tessera di un mosaico più grande, permettendoci di riscoprire la storia di Tutankhamun e del periodo in cui visse. Alcuni oggetti, più di altri, sono stati in grado di rivelare informazioni su aspetti che proprio non conoscevamo.

Il corpo del faraone

Il ritrovamento più importante fu quello della mummia reale. Tutta la sepoltura era stata progettata per garantire la preservazione del corpo e fornire al sovrano defunto gli strumenti per poter continuare a vivere nell'aldilà. La cura maggiore era stata messa nella protezione dei resti mortali, inseriti, come abbiamo visto, in tre sarcofagi antropomorfi, a loro volta inseriti in un sarcofago in pietra, a sua volta custodito da quattro grandi casse dorate.

UN PAPIRO PARTICOLARE

Un indizio di questa disposizione si trova in un papiro conservato al Museo Egizio di Torino, che Carter e Gardiner pubblicarono nel 1917 e che contiene il progetto della tomba di Ramses IV. Nel papiro si vede il sarcofago circondato da sei rettangoli. All'inizio erano stati interpretati come scale discendenti, ma oggi (la conoscenza si evolve, lo dicevamo prima) si può ipotizzare che quel disegno mostrasse una disposizione simile a quella della tomba di Tutankhamun: il sarcofago all'interno delle casse che lo custodiscono.

La mummia è stata anche una fonte importantissima per comprendere a fondo l'antico rituale funerario riservato ai faraoni, che fino ad allora si conosceva solo in teoria attraverso testi e immagini. I **TESTI FUNERARI** – fra cui, per esempio, il *Libro dei Morti* – spiegano quali amuleti e oggetti dovevano essere posati sul corpo per proteggerlo dagli influssi maligni. Le raffigurazioni di altri sarcofagi ci mostrano collari elaborati e ci danno un'idea di come doveva essere decorata la mummia prima della deposizione nella camera sepolcrale. Ma fu solo quando Carter cominciò a togliere le bende a quella di Tutankhamun che, per la prima volta, si vide l'applicazione pratica di quanto si era letto nelle fonti.

IL LIBRO DEI MORTI

Il *Libro dei Morti* è il nome che diamo ai papiri che venivano riposti nelle tombe accanto al defunto, e che contenevano una serie di formule intese per accompagnarlo nell'aldilà. Il nome antico di questo documento era *ru nu peret em heru*, cioè più o meno "formula per venire alla luce del giorno".

Esso conteneva una combinazione variabile di frasi, talvolta accompagnate da figure. La raccolta che noi chiamiamo *Libro dei Morti* veniva utilizzata nel Nuovo Regno, ma affondava le sue radici nei più antichi Testi delle Piramidi, incisi sulle pareti delle piramidi dell'Antico Regno a partire dalla fine dalla Quinta Dinastia in poi. Nel Medio Regno comparvero i cosiddetti *Testi dei Sarcofagi*, scritti in modo un po' diverso e contenenti nuove formule.

Nel Nuovo Regno si potevano acquistare papiri del *Libro dei Morti* già quasi completi, a parte uno spazio per aggiungere il proprio nome. Sembra sia questo il caso del papiro di Kha e Merit, conservato al Museo Egizio di Torino, i cui nomi furono probabilmente aggiunti in un secondo momento negli spazi lasciati apposta vuoti nella seconda colonna del testo in geroglifico. Puoi vederlo tu stesso, se vieni a visitare il Museo!

Nel corredo funerario, poi, una parte importante era costituita da alcuni organi interni del defunto: polmoni, stomaco, fegato e intestino. In genere, venivano mummificati e conservati in quattro vasi canopi. Nel caso di Tutankhamun, invece, gli organi furono posti in quattro sarcofagi in miniatura all'interno di una cassa.

Per molti aspetti l'inventario della tomba dava l'impressione di essere una raccolta di manufatti di qualità provenienti in gran parte dal palazzo e dai depositi reali. Fra tutti quelli trovati, alcuni possiedono specifiche caratteristiche che li rendono particolarmente interessanti.

LE STORIE DEGLI OGGETTI

I
I TRE SARCOFAGI ANTROPOIDI

A cosa servivano

A conservare il corpo del faraone.

Di che materiale erano fatti

I due sarcofagi più esterni sono di legno ricoperto d'oro. Il terzo, più interno, è invece d'oro massiccio, «un esempio unico» per usare le parole di Carter, «nell'arte della lavorazione del metallo».

Segni particolari

La sequenza di sarcofagi uno dentro l'altro terminava con l'oggetto che rappresenta, per eccellenza, Tutankhamun e la storia della scoperta della sua tomba: la maschera funeraria. È realizzata in oro massiccio e ornata con pietre dure e ritrae le fattezze idealizzate del giovane re.

Il corpo del faraone è rappresentato con in mano un **BASTONE PASTORALE** e un **FLAGELLO**. Al collo indossa due collari (*shebyu*) composti da una fila di elementi lenticolari in oro e faience. La mummia è avvolta da un **SUDARIO** su cui è cucito un grande collare di perline e fiori veri.

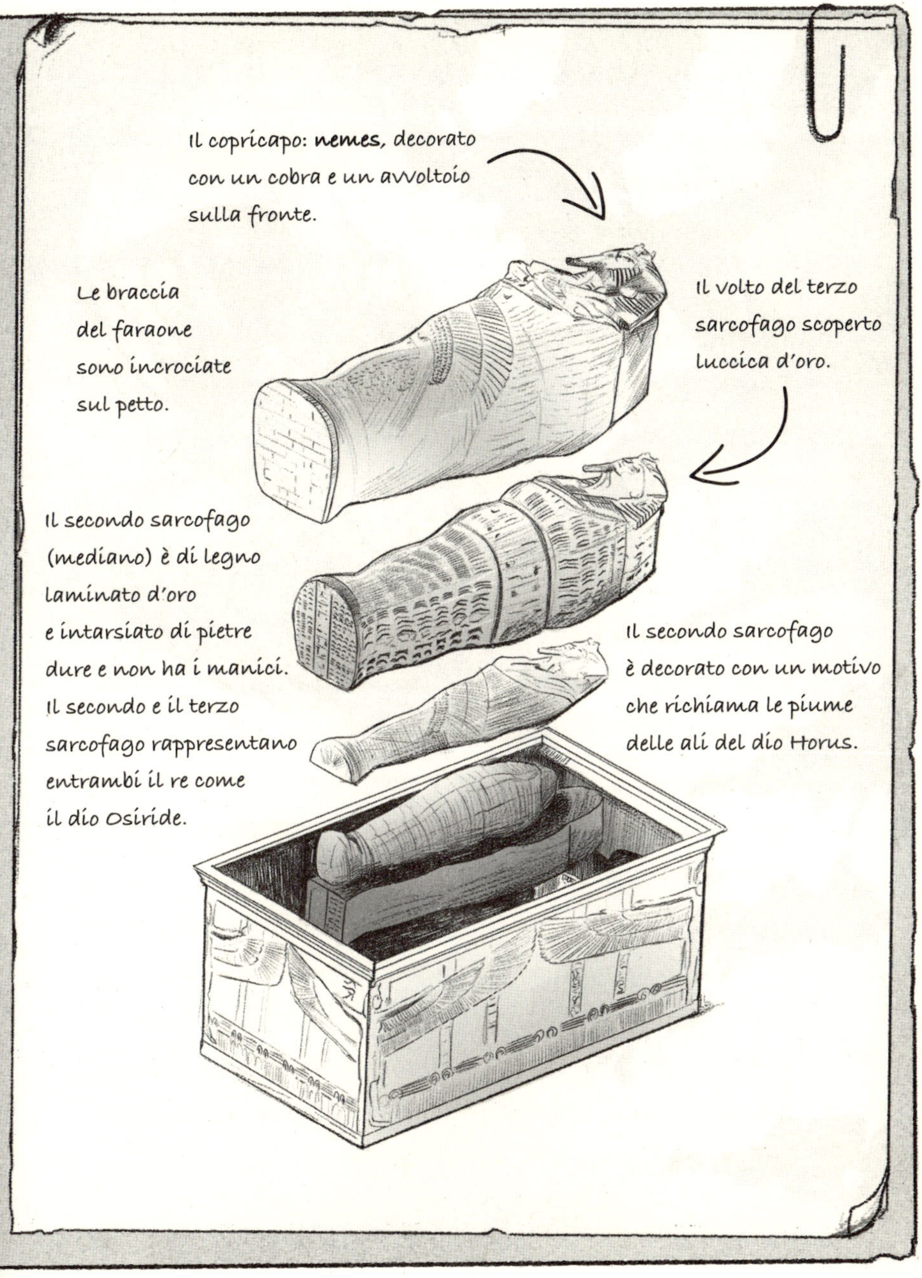
Il copricapo: **nemes**, decorato con un cobra e un avvoltoio sulla fronte.
Le braccia del faraone sono incrociate sul petto.
Il volto del terzo sarcofago scoperto luccica d'oro.
Il secondo sarcofago (mediano) è di legno laminato d'oro e intarsiato di pietre dure e non ha i manici.
Il secondo e il terzo sarcofago rappresentano entrambi il re come il dio Osiride.
Il secondo sarcofago è decorato con un motivo che richiama le piume delle ali del dio Horus.

2
LA MASCHERA D'ORO

A cosa serviva

A proteggere il volto del re (?)

Di che materiale è fatta

Due strati d'oro saldati l'uno all'altro. L'effetto finale di grande splendore è stato ottenuto tramite lucidatura.

Segni particolari

Le due linee orizzontali incise sul collo, gli occhi a mandorla, le labbra piene e la forma allungata del volto ci dicono che la maschera è opera di artigiani formatisi nell'epoca di Akhenaten.

La parte posteriore della maschera è iscritta con un testo magico che ha lo scopo di proteggere le varie parti del capo. Ciascuna è messa in correlazione con una divinità: la fronte è Anubi (il dio della mummificazione), l'occhio destro è la barca solare notturna, l'occhio sinistro è la barca diurna, le sopracciglia l'Enneade (il gruppo di nove divinità adorate nella città di Heliopolis).

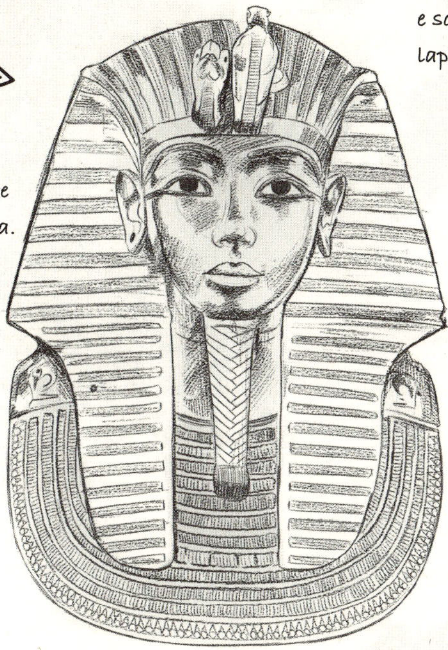
la maschera rappresenta il giovane sovrano che indossa il **nemes** con striatura che alterna oro e intarsi di pasta vitrea di colore blu.
Sulla fronte: dee Nekhbet e Uadjet, in oro massiccio con intarsi in vetro, corniola e lapislazzuli.
Contorno e sopracciglia: lapislazzuli.
Gli occhi: quarzite bianca e ossidiana.
I lobi delle orecchie hanno fori trovati coperti da una foglia d'oro.
Fermagli del collare: testa del dio falco Horus.
La lunga barba dall'estremità incurvata che pende dal mento del re è in pasta vitrea blu in una cornice d'oro.
Il collare sul petto è composto da dodici file di perline, anche queste rese tramite intarsi con pietre semi preziose e pasta vitrea.

3
IL TRONO D'ORO

A cosa serviva

È la più bella, ricca e spettacolare delle sei sedie rinvenute nella tomba. Non sappiamo se fosse davvero un trono, ma certo ne ha l'aspetto!

Di che materiale è fatto

Legno ricoperto di lamine d'oro e d'argento, tarsie in vetro, *faience* e pietre dure.

Segni particolari

Risale agli inizi del regno di Tutankhamun. Le immagini e lo stile delle figure umane, che hanno forme morbide e arrotondate e un atteggiamento rilassato, rimandano appieno all'età del suo predecessore Akhenaten.

È uno dei grandi capolavori della tomba. Carter affermò: «Posso dire, senza esitazione, che si tratta dell'oggetto più bello mai ritrovato in Egitto».

Scena sullo schienale:
Tutankhamun seduto su un trono all'interno di un baldacchino composto da pilastri floreali e da una cornice di urei e fiori.
Il faraone indossa la corona **atef** (composta da una tiara, posta sopra a un paio di corna, ai lati della quale sono fissate due grandi piume) mentre la sua sposa ha un copricapo con piume.

Il disco che spicca sopra a tutto: disco solare Aten, ai lati del quale si trovano i cartigli con il nome del dio così come nel regno di Akhenaten.

La regina, di fronte a lui, è rappresentata mentre lo unge con un unguento profumato.

Dal disco scendono i raggi sulla coppia reale che viene designata con gli appellativi Tutankhamun e Ankhesenamun. Entrambi gli appellativi sono post-amarniani.

4
IL CARRO CERIMONIALE

A cosa serviva

Usato dal re per percorrere le strade della capitale. Standо alla guida di un carro, il faraone esibiva il suo potere sui nemici sconfitti, celebrava la forza dell'Egitto unito e veniva protetto dalle divinità egizie.

Di che materiale è fatto

Legno e pannelli stuccati e coperti in lamina d'oro.

Segni particolari

Il carro esibiva tutti i simboli che raccontavano la gloria e l'importanza di Tutankhamun. Ognuno di loro, dal più piccolo al più grande, ha un significato preciso.

La parte frontale del carro è decorata con i cartigli con tre dei nomi del faraone sovrastati da un disco solare alato, fiancheggiato da loto e papiro che sono i simboli dell'Alto e del Basso Egitto.

All'interno: decorazione che rappresenta il trionfo del sovrano contro i nemici. I nemici sono raffigurati come uomini di varie etnie con il collo stretto da corde e le braccia legate in posizioni scomode.

5
IL BUSTO DI TUTANKHAMUN

A cosa serviva

Non è chiaro.

Di che materiale è fatto

Legno stuccato e dipinto.

Segni particolari

Ha solo la parte superiore delle braccia. Per questo Carter pensò si trattasse di un manichino, usato per appoggiare i vestiti e i gioielli del re quando si preparava per le cerimonie religiose, o per provare le misure degli abiti, come un modello da sarto.

Un'altra possibilità è che sia solo una parte di una statua più grande. Le statue egizie erano spesso composte da pezzi, in molti casi anche di materiali diversi. Questo esemplare, però, non ha alcun attacco e non sono state trovate altre sue parti nelle vicinanze.

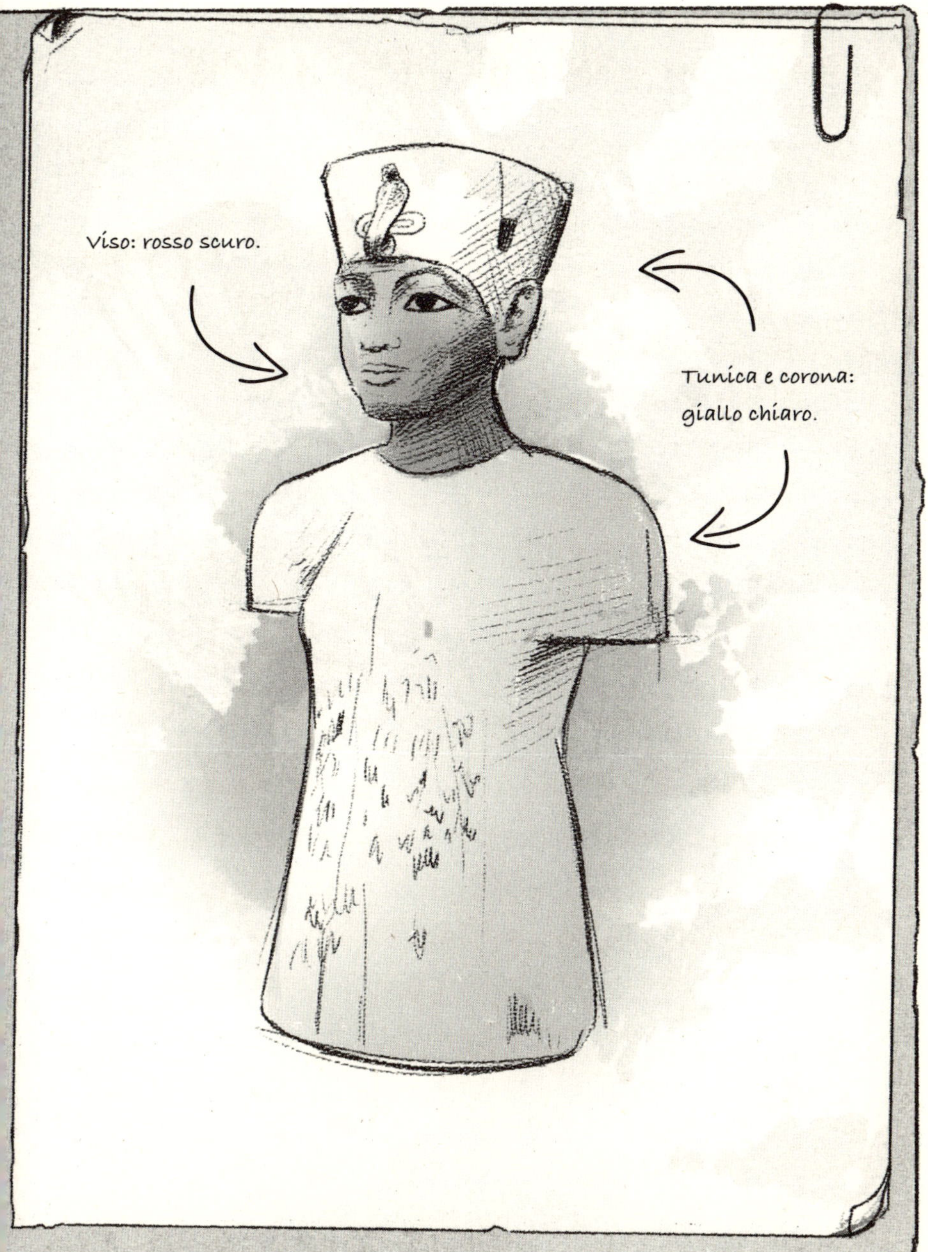
Viso: rosso scuro.
Tunica e corona:
giallo chiaro.

6
I GIOCHI DA TAVOLO

A cosa servivano

A giocare.

Di che materiale sono fatti

Legno e avorio.

Segni particolari

Il *senet* era popolare nell'antico Egitto, ma non ne conosciamo esattamente le regole. Sappiamo che aveva un forte significato religioso: il movimento delle pedine, come in una partita contro un avversario invisibile, stava a significare il percorso del defunto nell'aldilà.

Su questo lato: incisione raffigurante il sovrano seduto su un trono che riceve un fiore di loto da Akhesenamon, in piedi di fronte a lui.

Senet: gioco in avorio a forma di piccola scacchiera su cui muovere alcune pedine.

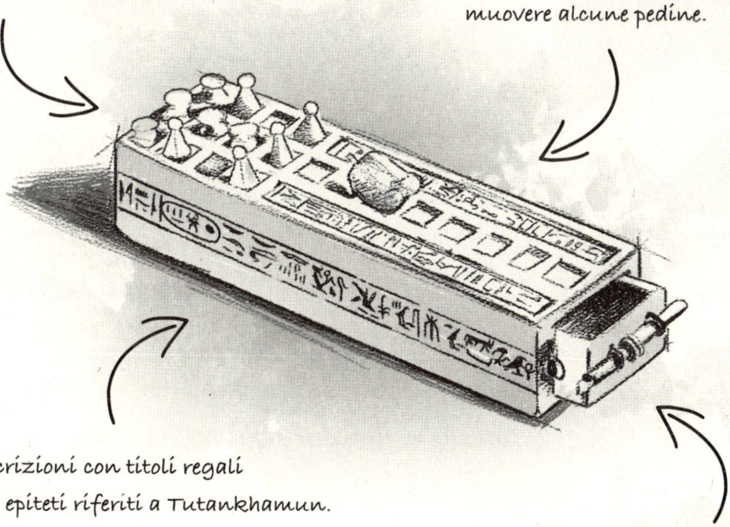

Iscrizioni con titoli regali ed epiteti riferiti a Tutankhamun.

Cassettina per le pedine.

7
LA CASSETTA IN LEGNO DIPINTO

A cosa serviva

A conservare abiti.

Di che materiale è fatto

Legno dipinto.

Segni particolari

Ritrovata nell'anticamera della tomba, colpì Carter perché da artista capì subito la bravura di chi l'aveva realizzata. L'archeologo arrivò a dire anche di questa cassetta che è uno dei più grandi tesori artistici mai rinvenuti.

Sulla scatola ci sono tre scene principali: su un lato Tutankhamun sul suo carro, con la freccia nell'arco, sta affrontando i nemici, che cadono uno sull'altro colpiti dai dardi del sovrano.

Sull'altro lato, il faraone si scaglia contro una folla di nemici nubiani.

Sul coperchio, infine, sono raffigurate le scene di

caccia. In una colpisce antilopi, gazzelle, asini selvatici, mentre nell'altra dà la caccia al leone.

Ma immaginiamo che Carter rimase colpito anche dalla tecnica della decorazione. L'artista che la realizzò aveva steso una base di gesso sul legno per avere una "tela" più adatta a tutti i minuscoli dettagli che ha inserito in ogni scena.

8
LE TROMBE

A cosa servivano

A celebrare il sovrano durante le parate (questa è un'ipotesi).

Di che materiale sono fatte

Una d'argento con elementi d'oro, una di rame o bronzo con elementi d'oro ed elettro.

Contengono un'anima di legno decorata, che serviva probabilmente o per proteggere il metallo dalla deformazione, o per mantenere pulito il tubo.

Sulla tromba d'argento sono raffigurati il fiore di loto e il nome del re Tutankhamun. Il bocchino è in oro, lo stesso materiale usato per una fascia decorativa applicata al bordo della campana.

Entrambe hanno intarsi e decorazioni raffiguranti divinità.

Segni particolari

Il 16 aprile 1939 oltre 150 milioni di persone poterono ascoltare il suono di questi strumenti durante una trasmissione radiofonica della BBC. Fu James Tappern, musicista della fanfara dell'esercito britannico, a suonarle in diretta dal Museo Egizio del Cairo. Durante le prove, purtroppo, la tromba d'argento si danneggiò a causa dell'estrema fragilità. Il suono è stato definito rauco e potente.

Tappern raggiunse a fatica le tonalità alte, perciò se ne dedusse che probabilmente nell'Egitto dell'epoca di Tutankhamun era più diffuso un suono ritmico costante di timbro medio.

9
I DUE FETI

A cosa servivano

A ricongiungere nell'aldilà il re alle sue figlie.

Di che materiale sono fatti

I due sarcofagi esterni e i due interni sono di legno, ma quelli interni sono rivestiti di una sottile foglia d'oro. Le mummie sono avvolte in pezze di lino.

Segni particolari

La vita di Tutankhamun non fu priva di difficoltà e dolori, anche se era un faraone. Sepolti nella sua tomba, proprio all'interno del "Tesoro", furono ritrovati i corpicini di due bambine nate morte, mummificati e avvolti nelle bende. Probabilmente erano figlie del faraone e della sua giovanissima moglie Ankhesenamun.

La più piccola era nata prematura e morta subito dopo la nascita. Aveva la pelle grigia e fragile, le palpebre erano socchiuse e non sembrava avere incisioni addominali, segno che gli organi interni non erano stati rimossi come, invece, avveniva di solito per la mummificazione. Il secondo corpo era appena più grande. Anche lei era nata prematura, ma rispetto alla sorellina aveva un po' di capelli, le ciglia e le sopracciglia ed era stata mummificata con la stessa tecnica che si usava per gli adulti.

Questi due piccoli corpi ci raccontano che nell'antico Egitto anche i bambini venivano preparati, proprio come gli adulti, per la vita nell'aldilà, e che accompagnarono Tutankhamun nel suo ultimo viaggio.

LA MEMORIA DI TUTANKHAMUN

Fama e curiosità

La scoperta della tomba di Tutankhamun nel 1922 fece il giro del mondo. Il ritrovamento di questa sepoltura dopo più di 3000 anni divenne la notizia principale in tutte le più importanti testate internazionali e ben presto si sviluppò una vera e propria isteria globale che viene generalmente definita "Tutmania". Come abbiamo visto, il numero di coloro che desideravano visitare la tomba crebbe in poco tempo e le agenzie di viaggio inglesi come «Thomas Cook & Son» e «Cunard» cominciarono ben presto a organizzare soggiorni a Luxor per rispondere al desiderio di tutti coloro che volevano essere presenti nella Valle dei Re mentre gli scavi progredivano.

- Quando la porta esterna della tomba fu scoperta, nel 1922, il nome inciso sull'intonaco all'interno del cartiglio venne subito letto da Carter come Tut-Ankh-Amun. Visto che le vocali non sono indicate nella scrittura antico egizia, ma vengono inserite dai moderni studiosi per facilitare la pronuncia, ci sono altre possibili vocalizzazioni dell'appellativo del sovrano come quella di Tut-Ankh-Amun. A partire dal 1923, tuttavia, ha cominciato a diffondersi una versione accorciata del nome del faraone. In alcune lettere, scritte dopo l'apertura della tomba, lo stesso Lord Carnarvon cominciò a fare riferimento al re *Tut*, diminutivo che si diffuse presto soprattutto nel mondo anglosassone. L'autore di testi musicali Harry Von Tilzer scrisse anche una canzone dal titolo *Il vecchio re Tut* che ebbe un enorme successo tanto che l'appellativo "il re Tut" venne usato per prodotti commerciali e addirittura il presidente degli Stati Uniti Herbert Hoover chiamò così il suo cane.

- La camera sepolcrale della tomba di Tutankhamun

era protetta da due statue di guardiani ad altezza naturale. Harry Burton aveva scattato una foto della statua di destra con un pezzo di tessuto che le pendeva dal braccio sinistro. Questa fu una delle prime immagini a essere pubblicate dal *The Times*. Prima che la camera sepolcrale fosse aperta, e che si potessero vedere gli splendidi sarcofagi e la maschera funeraria, questo guardiano divenne l'immagine più famosa della sepoltura. Ne vennero fatte alcune repliche e, assieme alle copie degli oggetti ritrovati nell'anticamera, divennero l'oggetto di una mostra del British Empire Exhibition a Wembley tra il 1924 e il 1925. Le copie vennero prodotte dallo scultore William Aumonier e dalla sua squadra basandosi sulle foto che erano state pubblicate e sui consigli forniti da Arthur Weigall. Dopo la chiusura della mostra a Wembley, le copie vennero acquistate dalla cittadina di Hull e sono tuttora esposte al museo Hands on History.

- Fu circa quarant'anni dopo la scoperta che parte del corredo di Tutankhamun lasciò per la prima volta l'Egitto. Nel novembre del 1961 Jacqueline Kennedy, moglie dell'allora presidente americano, arrivò alla National Gallery di Washington per aprire una mostra senza precedenti. Alcuni meravigliosi oggetti del corredo del faraone bambino, circa 34 manufatti, erano disposti all'ingresso del grande museo americano. Nessuno si era dimenticato della sensazionale scoperta avvenuta nel 1922 e il mondo voleva vedere da vicino l'oro di Tutankhamun.

- Fra il 1961 e il 1967 la mostra, dal titolo *I tesori di Tutankhamun*, toccò 18 città negli Stati Uniti e 6 in Canada facendo tappa anche in Giappone e in Francia. L'obiettivo di questo progetto espositivo itinerante era di ottenere sostegno e supporto globale per la campagna lanciata dall'UNESCO con lo scopo di salvare i monumenti nubiani minacciati dalle acque con cui in quegli anni si stava creando il lago artificiale Nasser, in seguito alla costruzione della grande diga di Assuan. Cominciò così il periodo delle grandi mostre.

- *I tesori di Tutankhamun* del 1972 al British Museum, in occasione del cinquantesimo anniversario della scoperta è un altro progetto espositivo indimenticabile. Per i novi mesi della mostra, davanti al museo si formarono code lunghissime. Ancora oggi è l'esposizione temporanea di maggior successo nella storia del British. La mostra consisteva di 53 pezzi del corredo, fra cui la famosa maschera, e rimase a Londra dal 30 marzo al 30 settembre. A quel punto era pronta per cominciare il tour in giro per il mondo.

TUTANKHAMUN E LA GUERRA FREDDA

Quando il progetto della mostra prese il via, il mondo era in piena Guerra Fredda ed era diviso nei due blocchi: da una parte gli Stati Uniti e dall'altra l'Unione Sovietica. L'Egitto, alleato dell'Unione Sovietica, era piuttosto riluttante all'idea di inviare i pezzi negli Stati Uniti. Le cose cambiarono dopo la guerra dello Yom Kippur nel 1973. Dopo gli iniziali successi militari, l'esercito egiziano venne messo alle strette dai soldati israeliani. Gli Stati Uniti, guidati da Richard Nixon e da Henry Kissinger, esercitarono forti pressioni su Israele perché l'Egitto fosse risparmiato. La volontà americana era quella di riuscire ad allontanare l'Egitto dai sovietici e di avvicinarlo all'America. Una conseguenza immediata fu che svanì l'iniziale opposizione a mandare gli oggetti di Tutankhamun in tour negli Stati Uniti. Venne organizzato un percorso espositivo in sette città, fra cui Washington, Chicago, Los Angeles e New York. Più di 8 milioni di persone visitarono la mostra fra il 1976 e il 1979.

Il pubblico accorse numeroso e permise di sottolineare come il ruolo delle istituzioni americane, a partire dal Metropolitan Museum of Art di New York, era stato fondamentale nei momenti cruciali della scoperta. Dagli Stati Uniti la mostra si spostò in Canada e nella Repubblica Federale Tedesca nel 1981. L'enorme successo della mostra in occidente provocò una nuova ondata di Tutmania molto simile a quella degli anni Venti.

È davvero difficile ripensare il Ventesimo Secolo senza la scoperta di Tutankhamun. La sua tomba e i suoi tesori hanno incuriosito così tante persone da far nascere per la prima volta un vero turismo di massa, ma hanno anche coinvolto i mezzi di informazione come non era mai successo e portato alla produzione di oggetti e souvenir diffusi in tutto il mondo. Non è esagerato dire che la maschera dorata di Tutankhamun è un'opera d'arte fra le più conosciute che può competere, quanto a notorietà, con la *Gioconda*. Ma perché il sovrano morto bambino continua a incuriosire, ispirare e stregare così tante persone?

Il fascino della scoperta

La figlia di Lord Carnarvon disse che la scoperta della tomba di Tutankhamun era affascinante perché faceva sognare come il ritrovamento della mitica grotta di Aladino. Arthur Mace scrisse nel *Bollettino* del Metropolitan Museum che essere eccitati alla sola idea di scoprire un tesoro nascosto faceva parte della natura umana. O forse è l'idea stessa che gli antichi Egizi destinassero tesori immensi a restare per sempre sottoterra a renderli ancora più irresistibili ai nostri occhi.

Ci sono e ci sono stati, poi, altri elementi che abbiamo visto nel corso di questa storia – come le difficoltà fra Carter e le autorità, la morte improvvisa di Carnarvon, il diffondersi della credenza superstiziosa legata alla presunta maledizione – che hanno aumentato ancora di più l'emozione e l'interesse per l'intera vicenda.

La ragione vera, tuttavia, di questo fascino immutabile, di questa memoria sedimentata che si trasmette di generazione in generazione risiede in tutti noi, nella storia contemporanea che ci porta dal novembre del 1922 al primo progetto espositivo del 1961 e poi a Londra, negli Stati Uniti, in Egitto, dove – a un secolo dalla scoperta – si sta ultimando la costruzione di un museo dalle dimensioni faraoniche che dovrà ospitare tutto il corredo di Tutankhamun. E, infine, anche nelle nostre storie personali e nel ricordo delle prime pagine dei libri di storia che abbiamo sfogliato a scuola.

Il re Tut è entrato a far parte delle nostre vite, della storia di ciascuno di noi. Ci ha reso consapevoli di quale forza e influenza abbiano sulla nostra esistenza gli oggetti che ci ricordano in ogni momento il legame, il ponte che ci unisce con le generazioni che ci hanno preceduto. Anche se le speranze, le paure e i sentimenti degli antichi Egizi non erano probabilmente tanto diversi dai nostri, è impossibile entrare nella loro testa, comprendere quale fosse fino in fondo il loro pensiero e quali emozioni provassero. Possiamo cercare di capire, però, che ruolo avessero gli oggetti nella loro vita, come venissero utilizzati, come potessero assicurare una vita dopo la morte.

Questo è il vero fascino di Tutankhamun, della storia e dell'archeologia: avvicinarci sempre di più alla conoscenza del passato per comprendere meglio noi stessi.

PAROLE DALL'ANTICO EGITTO

ALTO EGITTO

Parte più "alta" dell'Egitto da cui scorreva il fiume verso la parte più "bassa" (vedi sotto Basso Egitto), che comprende gran parte della Valle del Nilo dal Cairo fino ad Assuan, dove il fiume cessava di essere facilmente navigabile.

ARCHITRAVE

Elemento architettonico orizzontale che collega tra loro i pilastri o le colonne sottostanti e sostiene le strutture sovrastanti scaricandone il peso.

BASSO EGITTO

Parte più "bassa" dell'Egitto, che comprende il Delta del fiume Nilo, che arriva dall'Alto Egitto (vedi sopra **ALTO EGITTO**) e poi sfocia nel Mediterraneo.

BASTONE PASTORALE

In egizio *hekat*, è un bastone ricurvo che ha funzione di scettro e può essere usato solo dal faraone o da chi esercita con lui una funzione di potere. Si chiama pastorale perché in origine era il bastone dei pastori.

CARTONNAGE

Tecnica per realizzare le maschere funerarie sovrapponendo strati di lino o papiro, stuccati insieme e poi dipinti.

COREGGENTE

Chi divide con il sovrano la responsabilità di governare. In antico Egitto la coreggenza (l'atto di reggere insieme il trono) veniva spesso usata dai faraoni, e questo rende a volte difficile capire esattamente quanti anni regnò ognuno di loro.

CULTO

La cura e gli omaggi che si rendono alla divinità e al luogo sacro eretto in suo nome.

FAIENCE

È il nome con cui si indica tradizionalmente un particolare tipo di materiale vetroso che veniva usato in antico Egitto, dal tipico colore turchino o verdastro brillante. Il nome *faience* viene da quello della città italiana Faenza, nota in tutto il mondo per la produzione di ceramica.

FLAGELLO

In egizio *nekhekh*, è un bastone simbolico a cui venivano attaccate corte strisce di stoffa. Rappresenta il potere del faraone di rendere fertili le terre.

FONTI

I documenti e i materiali che contengono dati e testimonianze del passato e che gli studiosi usano per ricostruire vicende storiche, periodi storici e loro abitudini di vita.

FOTOGRAFIA IN SCALA

Caratteristica delle foto archeologiche, fatte sui siti di scavo. Gli oggetti ritrovati vengono fotografati accanto a precisi riferimenti di misura o ad altri oggetti che permettono di comprenderne chiaramente e con precisione le dimensioni.

GRAFIA IERATICA

Versione corsiva dei geroglifici che prevedeva l'uso di caratteri semplificati e spesso legati tra loro.

GRANDE SPOSA REGALE

La consorte dei sovrani egizi a partire dal momento della loro incoronazione.

GURNA

Parte della grande necropoli tebana sulla sponda occidentale del Nilo, situata a breve distanza dalla Valle dei Re e i templi funerari dei faraoni.

ISCRIZIONE BIOGRAFICA

Testo iscritto in una tomba che racconta gli eventi principali della vita del defunto. In antico Egitto, coloro che completavano con successo importanti incarichi per il faraone facevano incidere questi racconti sulle pareti delle loro tombe in modo da essere ricordati in maniera degna.

ISPETTORE CAPO DELLE ANTICHITÀ

Capo di tutti gli ispettori incaricati dalle autorità egiziane di controllare il corretto svolgimento delle operazioni di scavo archeologico di un'area o di un gruppo di monumenti egizi.

NECROPOLI DI SAQQARA

Necropoli a 30 chilometri a sud della città del Cairo. È famosa soprattutto per la piramide a gradoni di Djoser, ma comprende anche una rete sotterranea di tombe della Seconda Dinastia, sette piramidi della Quinta e Sesta Dinastia e centinaia di tombe di tutte le epoche storiche dell'antico Egitto.

SERVICE DES ANTIQUITÉS

Servizio delle Antichità, nato nel 1858 in Egitto. Aveva il compito di eseguire scavi archeologici, di autorizzare e supervisionare scavi archeologici da parte di stranieri e di contrastare il traffico illecito di reperti archeologici.

SETTICEMIA

Infezione acuta causata dal passaggio di germi, che provengono da infezioni in altri punti dell'organismo, al sangue. Si tratta di un'infezione estremamente pericolosa curabile solo con antibiotici, per cui prima della loro invenzione era quasi sempre mortale.

STELE DELLA RESTAURAZIONE

Antica stele egizia in granito rosso. Eretta da Tutankhamun, fu rinvenuta nel 1905-1907 dall'archeologo francese Georges Legrain a Karnak. Si trova oggi al Museo Egizio del Cairo.

STELE DI CONFINE

Serie di testi in geroglifico accompagnati da bassorilievi, fatti incidere da Akhenaten sulle alture che circondano la piana di Amarna, l'antica Akhetaten, per segnarne il confine.

SUDARIO

Telo utilizzato per avvolgere o coprire il corpo del defunto.

TESTI FUNERARI

Con questo nome vengono chiamati una serie di testi

antichi egizi che avevano funzione di accompagnare il defunto nell'aldilà. Si tratta di sequenze di formule magico-religiose, che risalgono a vari periodi della storia antica egizia, e che sono convenzionalmente raggruppate in raccolte, tra le quali spiccano i *Testi delle Piramidi* (i più antichi, risalenti all'Antico Regno), i *Testi dei Sarcofagi* (risalenti al Medio Regno) e il *Libro dei Morti* (utilizzato nel Nuovo Regno).

TOMBA RUPESTRE

Tomba scavata in parte nella roccia di una collina. Spesso ha uno o più locali sotterranei.

TOMOGRAFIA ASSIALE COMPUTERIZZATA (TAC)

Tecnica di indagine con la quale è possibile riprodurre immagini in sezione e tridimensionali di un corpo, attraverso un'analisi dell'attenuazione di un fascio di raggi x mentre passa attraverso una parte del corpo.

VIZIER

Funzionario più alto al servizio del faraone.

Christian Greco, egittologo, è il Direttore del Museo Egizio di Torino, dal 2014. Prima di diventarlo, ha studiato molti anni in Italia e in Olanda, dove ha insegnato latino e greco al liceo e ha lavorato come curatore della collezione Egizia di Leiden.

Scoprì l'Egitto a 12 anni, in occasione di una vacanza. In questo libro, la straordinaria scoperta della tomba di Tutankhamun viene raccontata come mai prima, attraverso gli occhi di quel ragazzino.

Evelina Christillin nel corso della sua carriera ha rivestito importanti incarichi che riguardano lo sport e la cultura.

Dal 2012 è Presidente della Fondazione Museo delle Antichità Egizie di Torino.